Hatha Yoga

FILOSOFÍA YOGI DEL BIENESTAR FÍSICO

Yogi Ramacharaka

Título original: *Hatha Yoga: The Yogi Philosophy of Physical Well-Being*
Traducción de Federico Climent Terrer

Depósito legal: B.5531-2014
ISBN: 978-84-942232-8-0

Impreso en España - *Printed in Spain*

Hatha Yoga

FILOSOFÍA YOGI DEL BIENESTAR FÍSICO

Yogi Ramacharaka

DEDICATORIA

Este libro está respetuosamente dedicado a todos los seres humanos de salud cabal. Consciente o subconscientemente han hecho algo para llegar desde la infancia a la saludable y normal madurez de la vida; si quien no tiene tanta salud y normalidad hace lo mismo que ellos, no hay razón para que no llegue a ser como ellos.

En esta obra nos proponemos exponer lo que hicieron para ser como son. Léanla, y después actúen como mejor les convenga.

Si dudan de nuestras afirmaciones, observen atentamente la conducta de un individuo sano y normal y vean si hace lo que enseñamos en este libro y se abstiene de lo que prohibimos.

Gustosos sometemos nuestras enseñanzas a esta rigurosa prueba. Experiméntenla.

ÍNDICE

INTRODUCCIÓN

¿Cuál es el Secreto que mueve el mundo? ¿Qué misterio comparten todas las grandes mentes de la historia de la humanidad? Cuando en 2006 Rhonda Byrne nos sorprendió a todos dándonos las claves para dominar el pensamiento positivo y para imponer nuestra fuerza de voluntad sobre el propio destino, lo que realmente estaba haciendo era actualizar para el nuevo milenio las claves principales del movimiento del Nuevo Pensamiento que había surgido en la América de finales del siglo XIX, un movimiento surgido a partir de la creencia en la Ley de la Atracción, que dio origen a libros como *El arte de hacerse rico* de Wallace D. Wattles, y de la influencia del yoga proveniente de la India.

Hatha Yoga es una de las obras fundamentales de este nuevo movimiento, y, a la vez, una de las que mejor se alejan de los tratados teóricos para centrarse en la presentación de ejercicios prácticos. En otro de sus libros, el yogi Ramacharaka (seudónimo bajo el que se escondía William Walker Atkinson, uno de las cabezas pensantes de la escuela Nuevo Pensamiento), definía el yoga del la siguiente forma:

«Las ideas que se han formado los estudiantes occidentales acerca de los yogis, su filosofía y sus prácticas suelen ser un tanto confusas. A ello han contribuido las narraciones de viajeros acerca de faquires y mendigos y otros personajes pintorescos que pululan en los caminos y ciudades de la India y que se autoproclaman «yogis».

»Desde la más remota antigüedad han existido en la India y otros países orientales quienes consagraron su tiempo y atención al desarrollo físico, mental y espiritual del hombre. La experiencia adquirida por varias generaciones de investigadores se transmitió durante siglos de maestros a discípulos y gradualmente ha elaborado una ciencia yogi perfectamente definida. A todas estas investigaciones y enseñanzas se aplicó finalmente el termino *yogi*, que previene de la palabra sánscrita *yug*, que significa «unir», ya que el yogi se somete a cierta sujeción por regir el cuerpo y mente por medio de la voluntad.»

Queda claro, pues, en las propias palabras de Atkinson, que la yoga que él enseña es heredera de las enseñanzas hindús, pasada por el tamiz de la escuela del Nuevo Pensamiento, alejadas de la concepción del yoga como una simple sucesión de tablas gimnásticas para comprender que en realidad es la búsqueda de un equilibrio entre el cuerpo, la mente y el universo.

Prefacio

Nuestro primer intento al disponer la publicación de esta obra, y casi hasta el momento de darla a imprenta, fue que sirviera en cierto modo a la Ciencia de la respiración del mismo autor, es decir, que tratara todos los puntos de la Yoga Hatha excepto el relativo a la respiración, ya tratado en el referido libro. Pero al fin y a la postre consideramos que hubiera sido un error publicar un libro sobre la Yoga Hatha omitiendo un tema tan importante como el de los métodos yoguísticos de la respiración, aunque ya existiese previamente el monográfico. Omitir una parte tan esencial del asunto equivaldría a perjudicar a quienes adquiriesen este libro sin haber leído el otro y esperasen con fundamento que la presente obra tratara plenamente del asunto. Por eso hemos incluido en este volumen los pasajes de la Ciencia de la respiración que corresponden estrictamente a la Yoga Hatha, y hemos omitido los concernientes a la Yoga Raja. Hacemos esta advertencia para que todos los lectores de la Ciencia de la respiración no nos acusen de haber incluido en esta nueva obra, anunciada como un suplemento de la anterior; la inclusión de los pasajes ha sido pues, en interés del lector.

Es probable que con el tiempo logramos reescribir también los pasajes de la Yoga Raja para ampliarlos y componer un tratado completo de esta Yoga, pues el presente libro está compuesto a base de lo que referente a la Yoga Hatha apareció en la Ciencia de la respiración. De esta suerte, el presente tratado de Yoga Hatha será el primero de una serie de obras yoguísticas que expongan sucesivamente las diferentes fases de la filosofía de los yogis y de la cual la Ciencia de la respiración sirva de preliminar o de manual para principiantes o para los interesados en el asunto.

La Yoga Hatha trata exclusivamente del aspecto físico. Lo psíquico, mental y espiritual pertenecen a otras ramas de la filosofía yoguística. Sin embargo, la Yoga Hatha será un sólido cimiento sobre el cual podrá construir el estudiante un magnífico edificio, ya que para que el hombre haga cuanto más le convenga, necesita tener un sano, vigoroso y robusto cuerpo físico, según el autor explica cumplidamente en el texto.

Invitamos al autor a que escribiera un prefacio, pero rehusó la invitación diciendo que el libro hablará por si mismo, y además le repugna intervenir personalmente entre sus lectores, porque la verdad debe evidenciarse por su propia virtud, sin que nadie la recomiende. Así esta advertencia ya nos sirve de prefacio.

Nota del editor: *Hemos mantenido el título de la obra Hatha Yoga, por cuestiones tradicionales, mientras que en el texto se traduce por Yoga Hatha, por coherencia con las otras ramas del yoga, como la Raja Toga o la Gnani Yoga.*

1
DEFINICIÓN DE LA YOGA HATHA

La Yoga Hatha es la parte de la filosofía yoguística que trata del cuidado, bienestar, salud y vigor del cuerpo físico, así como de todo cuanto propende a conservarlo en buen estado de salud.

Enseña el modo natural de vivir y lanza el grito de «volvamos a la Naturaleza» repetido por muchos higienistas occidentales, aunque el yogi no ha de volver a la Naturaleza porque siempre está en ella, apegado a su regazo y obediente a sus métodos, sin que lo hayan ofuscado ni enloquecido los precipitados afanes por las cosas externas de la Naturaleza. Las modas y las exigencias sociales no han turbado nunca la conciencia del yogi, que se ríe de todas esas cosas y las mira como pueriles pasatiempos. No lo han separado de los brazos de la Naturaleza y sigue estrechamente unido al regazo de su buena madre, que siempre le dio sustento, abrigo y protección.

La Yoga Hatha es ante todo naturaleza

Cuando hayamos de escoger entre varios métodos, planes, sistemas o teorías, apliquémosle por piedra de toque la pregunta: «¿Cuál es el método natural?» y escojamos siempre el que nos parezca más próximo a la Naturaleza. Este procedimiento será el más eficaz cuando el estudiante haya de decidirse por alguno de los métodos, planes, ideas y modas que respecto a la salud inundan el mundo occidental.

Por ejemplo, si se les dice que están en peligro de perder su «magnetismo» al ponerse en contacto con el suelo, y se les aconseja que lleven calzado con suela y tacones de goma y que duerman en camas con aisladores de vidrio para evitar que la Naturaleza (la Madre Tierra) les substraiga el magnetismo que les acaba de dar, pregúntense: «¿Qué dice la Naturaleza sobre esto?». Y para saber lo que dice la Naturaleza, que vean si en los planes de ella está la manufactura y uso de suela de goma y la fabricación de aisladores de vidrio para los pies de cama. Descubran si el hombre reciamente magnético, lleno de vitalidad, hace semejantes cosas; que vean si las hicieron las más vigorosas razas del mundo; si notan debilidad al tenderse sobre el césped, y si el natural impulso del hombre no es reclinarse en el regazo de su buena Madre Tierra y tenderse sobre la mullida hierba; que vean si el niño no tiende espontáneamente a andar descalzo, quitándose los zapatos de suela de goma, y si el calzado de esta clase es buen conductor del magnetismo y la vitalidad. Y así referente a todo lo demás.

La ciencia de la Yoga se divide en varias ramas, de las que las principales y mejor conocidas son: 1) Yoga Hatha, 2) Yoga Raja, 3) Yoga Karma, 4) Yoga Gnani.

Citamos esto a guisa de exordio, sin ánimo de entrar en discusión acerca de la eficacia o ineficacia de las suelas de goma y de las bolas de vidrio en los pies de cama como conservadores del magnetismo. Un poco de observación le enseñará al hombre que todas las respuestas de la Naturaleza le muestran que recibe mucho magnetismo de la Tierra, y que la Tierra es una batería cargada de magnetismo, siempre deseosa de comunicar al hombre su energía, en vez de substraer el magnetismo de sus hijos los hombres. Algunos de estos profetas modernistas no tardarán acaso en enseñar que el aire substrae prana de las gentes en vez de infundírselo.

Así por todos los medios habéis de aplicar el testimonio de la Naturaleza a todas las teorías de esta clase, incluso las nuestras, y desechadlas si no están de acuerdo con la Naturaleza.

Se han publicado muchas y valiosas obras sobre todas las demás ramas de la filosofía yoga; pero se había olvidado el tema de la Yoga Hatha o tan sólo aludían a él brevemente los autores sobre Yoga. Esto proviene en gran parte de que en la India hay una horda de mendigos ignorantes, pertenecientes a la clase ínfima de faquires, que se fingen yogihathas, pero que no tienen ni el menor concepto de los subyacentes principios de esta rama de la Yoga.

Hay faquires que se satisfacen con dominar algunos músculos involuntarios de sus cuerpos (cosa posible para quien dedique a ello el tiempo y el esfuerzo necesarios) y adquirir la habilidad de practicar algunas suertes que entretienen o disgustan a los viajeros occidentales. Los auténticos yogis miran a estos farsantes con profunda piedad. Varias de dichas suertes son seguramente admirables desde el punto de vista de la curiosidad, y quienes las ejecutan podrían exhibirse en las ferias a tanto la entrada, pues son análogas a las de los prestidigitadores occidentales.

La regla es segura. La Naturaleza sabe de qué se trata.
Es vuestra amiga, no vuestra enemiga.

Hay quienes exhiben orgullosos estas habilidades, como por ejemplo la de invertir la acción peristáltica de los intestinos, y el movimiento del gaznate, para dar el repulsivo espectáculo de la completa inversión del proceso normal de dichos órganos, de modo que los objetos introducidos por vía rectal suban hasta salir por la boca, gracias a la conversión del movimiento de los músculos involuntarios.

Desde el punto de vista médico resulta interesantísimo, pero al lego en medicina le repugna y lo considera indigno de un hombre.

Otras suertes de los falsos faquires son tan repulsivas como la citada y nada hacen de beneficio ni interesante para quien trata de poseer un cuerpo sano y normal. Dichos faquires mendicantes son de la misma laya de los fanáticos que en la India usurpan el título de yogi y que con religiosos pretextos jamás se lavan y permanecen sentados brazos en alto hasta que se acartonan; o se dejan crecer las uñas de las manos hasta que les agujerean las palmas; o se quedan inmóviles hasta el extremo de que los pájaros anidan en su cabellera; o hacen otras cosas igualmente ridículas para aparentar santidad ante la ignorante multitud y recibir el sustento de manos de gentes ignaras, quienes se figuran que así se hacen merecedoras de futura recompensa. Todos son redomados impostores o ilusos fanáticos de la misma ralea de los mendigos de oficio que en las populosas ciudades de Europa y América simulan heridas, llagas y lacerías para inspirar lástima al transeúnte que les echa una moneda de cobre, a fin de quitárselos de la vista.

Objetivos del libro

En este libro procuraremos exponer en forma clara y sencilla los capitales principios de la Yoga Hatha con el plan yoga de vida física. También aducimos las razones en que se apoya cada plan. Hemos creído necesario explicar en términos del tecnicismo de la filosofía occidental las diversas funciones del cuerpo e indicar después los planes y métodos de la Naturaleza que se han de seguir en cuanto sea posible. No es un tratado de terapéutica ni contiene nada sobre medicina ni sobre la curación de las enfermedades, sino tan sólo lo que conviene hacer para recobrar la perdida salud. La tónica de este libro es «el hombre sano» y su principal propósito ayudar a las gentes a que se adapten al módulo del hombre normal. Además, creemos que lo que mantiene a un individuo en cabal salud puede restituir la salud a quien la tenga quebrantada si hace lo necesario para recobrarla.

La Yoga Hatha recomienda un método de vida sano, natural y normal cuya observancia beneficiará a quienquiera que sea. Se mantiene la Yoga Hatha en íntimo contacto con la naturaleza y aconseja la vuelta a los métodos naturales con preferencia a los surgidos alrededor de nosotros a causa de nuestros artificiosos hábitos de vida.

Este libro es sencillo, muy sencillo, tanto que acaso muchos lo desecharían gustosos porque no contiene nada nuevo ni sorprendente. Tal vez esperaban algún maravilloso relato de los famosos fenómenos de prestidigitación de los faquires mendicantes para remedarlos. Pero este libro no es de semejante índole. No vamos a enseñar la manera de asumir setenta y cuatro posturas distintas ni a limpiarse los intestinos con la ingesta de lino ni a detener los latidos del corazón ni a juguetear con los órganos internos. Ni pizca de semejantes enseñanzas se hallarán en este libro. Por el contrario, enseñaremos a ordenarle a un órgano rebelde que vuelva a funcionar con normalidad, así como el dominio de las partes del cuerpo no sujetas de ordinario a la voluntad que se hayan declarado en huelga; pero todo ello lo exponemos con el propósito de sanear el cuerpo físico del hombre y no para convertirlo en instrumento de imposturas.

No decimos gran cosa de las enfermedades. Hemos preferido ofrecer a la contemplación del lector al hombre sano, para que lo observe solícitamente y vea qué le da salud y se la conserva. Después le llamaremos la atención hacia lo que el hombre sano hace y cómo lo hace, y le aconsejaremos que haga lo mismo si quiere parecérsele. Esto es todo cuanto intentamos. Pero este «todo» es lo que el lector puede hacer en gran parte. Lo demás lo ha de realizar por sí mismo.

Objetivos del libro:

1. Seguir una vida normal
2. Mantener la salud
3. No fijarse en las enfermedades

En otros capítulos expondremos la razón de que los yogis cuiden de su cuerpo físico, y también los principios capitales de la Yoga Hatha, con la creencia en la inteligente Entidad residente en toda vida, y la confianza de que el magno Principio de Vida efectuará cumplidamente su obra.

Si confiamos en este magno Principio y le permitimos que actúe libremente en nosotros, mucho beneficio recibirá por ello nuestro cuerpo.

Seguid leyendo y veréis que tratamos de comunicaros el mensaje que para nosotros recibimos. Así es que para definir la Yoga Hatha, decimos:

Leed este libro hasta el fin y sabréis algo de lo que en realidad es la Yoga Hatha. Para saberlo del todo hay que practicar los preceptos de este libro, y entonces adelantaréis un buen trecho en el camino del conocimiento que buscáis.

2
LA PREOCUPACIÓN POR EL CUERPO FÍSICO

Para el somero observador, la filosofía yoguística ofrece la aparente anomalía de que mientras por una parte afirma la despreciable inferioridad del cuerpo físico respecto de los superiores principios del hombre, por otra da mucha importancia a las enseñanzas, a la cuidadosa solicitud, al mantenimiento, a la disciplina, el ejercicio y la mejora de ese mismo cuerpo físico. Toda una rama de la filosofía yoguística, la Yoga Hatha, está dedicada al cuidado del cuerpo físico y expone numerosos pormenores en la instrucción de los estudiantes acerca de los principios de la disciplina y desenvolvimiento del cuerpo físico. Apenas necesitamos explicar a nuestros estudiantes la verdadera razón de que los yogis cuiden de su cuerpo, ni tampoco necesitamos disculparnos por la publicación de este libro, cuyo fin es instruir a los estudiantes en el cuidado y mejoramiento científico del cuerpo físico.

El cuidado del cuerpo

Algunos occidentales que han viajado por Oriente y vieron cómo cuidan los yogis de su cuerpo, y el tiempo y atención que emplean, opinaron que la filosofía yoguística es tan sólo una modalidad oriental de cultura física, algo mejor estudiada tal vez, pero sin nada «espiritual». Esto sucede a quienes se fijan en las apariencias.

Ya sabemos que el cuerpo físico no es el verdadero hombre; que el Yo inmortal del que todo ser humano es más o menos consciente, no es el cuerpo en que habita y de instrumento le sirve, sino que los cuerpos son envolturas de que el espíritu se reviste y se despoja periódicamente.

Saben los yogis lo que es el cuerpo físico y no les engaña la ilusoria creencia de que sea el verdadero hombre. Pero aunque todo esto sepan los yogis, también saben que el cuerpo es instrumento por cuyo medio el espíritu se manifiesta y obra. Saben que el hombre necesita la carnal envoltura para progresar en esta particular etapa de su desenvolvimiento. Saben que el cuerpo es el templo del Espíritu. Por consiguiente, creen que el cuidado y mejoramiento del cuerpo físico es una tarea tan meritoria y necesaria como el desarrollo de cualquier otro principio constituyente del hombre, porque si el cuerpo físico no está sano y bien desarrollado, la mente no puede funcionar con normalidad ni el cuerpo puede ser eficaz instrumento de su dueño el espíritu.

Cierto es que el yogi va más allá de este punto e insiste en que el cuerpo ha de estar bajo el perfecto gobierno de la mente, de modo que el instrumento se afine y responda fácilmente al toque de la mano de su dueño.

Pero también sabe el yogi que el máximo grado de responsabilidad por parte del cuerpo sólo puede obtenerse cuando cuidadosamente se le mantiene y mejora. El cuerpo altamente disciplinado debe ser robusto y sano. Por eso el yogi atiende con sumo cuidado al aspecto físico, y por lo mismo el sistema oriental de cultura física forma parte de la Yoga Hatha.

3
La obra del divino arquitecto

La filosofía yoguística enseña que Dios da a cada individuo una máquina física adaptada a sus necesidades y le proporciona los medios de mantenerla en buen orden y de repararla si por descuido la estropea. Los yogis reconocen que el cuerpo humano es obra de una poderosa Inteligencia. Consideran su organismo físico como una herramienta, construida con suma sabiduría y rectitud. Saben que dicha gran Inteligencia es la causa del cuerpo físico y que la misma Inteligencia prosigue actuando en el cuerpo físico del hombre, y que si el individuo coopera con la divina ley se mantendrá sano y robusto. También saben que cuando el hombre contraviene la ley divina, provoca la discordia y la enfermedad. Creen los yogis que es ridículo suponer que después de formar la gran Inteligencia el hermoso cuerpo humano lo abandone a su suerte, pues saben que la misma Inteligencia sigue presidiendo las funciones del cuerpo, por lo que hemos de confiar en ella y no temerla.

El significado del cuerpo físico

Existe Inteligencia, a cuya manifestación se llama «Naturaleza», «Principio de Vida» o se le dan otros nombres, que está siempre alerta, en disposición de reparar daños, sanar heridas, soldar huesos rotos, expulsar los nocivos materiales acumulados en el organismo y mantener de mil modos la máquina corporal en ordenado funcionamiento. Muchas de las que llamamos enfermedades son en realidad una beneficiosa acción de la Naturaleza, a fin de expulsar substancias ponzoñosas que dejamos penetrar y permanecer en nuestro organismo.

Supongamos que un alma busca alojamiento donde pasar esta fase de su existencia. Saben los ocultistas que para manifestarse en ciertos aspectos necesita el alma una habitación carnal. Veamos qué cuerpo requiere el alma y si la Naturaleza le dio el que necesita.

1. Necesita el alma un muy bien organizado instrumento físico de pensamiento y una estación central desde donde dirigir las operaciones del cuerpo. La Naturaleza ha provisto al hombre de este maravilloso instrumento del cerebro, cuyas posibilidades apenas hoy día conocemos, pues la porción de cerebro que el hombre usa en la actual etapa de evolución sólo es una mínima parte del área cerebral. La porción no utilizada aguarda a que evolucione mayormente la humanidad.

2. El alma necesita órganos a propósito para recibir y registrar las impresiones del mundo exterior. La Naturaleza interviene y provee al hombre de los cinco sentidos con sus correspondientes nervios por cuyo medio puede ver, oír, oler, gustar y tocar. La Naturaleza mantiene en reserva otros órganos hasta que la raza humana note su necesidad.

3. Se requieren medios de comunicación entre el cerebro y los diversos órganos del cuerpo, y la Naturaleza ha

extendido una admirable red nerviosa por todo el cuerpo. El cerebro expide por medio de los nervios órdenes a todas las partes del cuerpo y exige inmediata obediencia. A su vez, el cerebro recibe, de todas las partes del cuerpo, respuestas, avisos, súplicas, quejas, etc.

4. El cuerpo ha de tener la facultad de traslación de un sitio a otro, pues ya trascendió las heredadas tendencias del vegetal y necesita moverse de un lado a otro y alcanzar lo que convenga a su uso. La Naturaleza le ha provisto de piernas, movidas por medio de músculos y tendones.

5. El cuerpo requiere un armazón que le mantenga la forma, le resguarde de los choques, le dé resistencia, apoyo y firmeza. La Naturaleza le ha proporcionado el maravilloso mecanismo llamado esqueleto óseo, muy digno de estudio.

6. Necesita el alma un medio de comunicación con las demás almas, y la Naturaleza se lo ha proporcionado en los órganos del oído y de la palabra.

7. El cuerpo necesita un sistema para reparar las pérdidas, renovar, fortalecer y nutrir todas las partes del organismo, así como también requiere otro sistema para eliminar las substancias nocivas y destruir los desechos. La Naturaleza le provee del aparato circulatorio, con arterias y venas, por donde en vaivén fluye la sangre para cumplir su obra, y el aparato respiratorio, con los pulmones que oxigenan la sangre y queman los desechos.

8. Necesita el cuerpo allegar materiales del exterior con que resarcir sus pérdidas, y la Naturaleza le proporciona el medio de ingerir alimentos, digerirlos y extraer de ellos los principios nutritivos que absorbidos por el organismo se transmutan en sus componentes, al paso que expulsa los excrementos.

9. Finalmente, el cuerpo dispone del medio de reproducir su especie y proporcionar moradas carnales a otras almas.

No será tiempo perdido el que se emplee en el estudio del admirable mecanismo y funcionamiento del cuerpo humano, pues de su estudio se obtiene el firme convencimiento de que la Naturaleza es manifestación de la gran Inteligencia, del operante Principio de Vida, sin que nada exista ni suceda por ciega casualidad, sino que todo es obra de una potentísima *Inteligencia*.

Así aprende el hombre a confiar en esta Inteligencia y tiene la seguridad de que sí lo puso en existencia física lo conducirá en el transcurso de la vida. Así sabe que la Potestad que cuidó de él *entonces*, cuida también *ahora* y cuidará de él *siempre*.

En el grado en que nos abramos al influjo del gran Principio de Vida, en el mismo grado nos beneficiará. Si le tememos o desconfiamos de él, le cerraremos la puerta y forzosamente sufriremos.

4
La fuerza vital

La base de la fuerza vital que nos anima a vivir es la propia conservación, por lo que hay que considerar la enfermedad como una anomalía dentro de esa fuerza, una demostración de que el ser humano se ha saltado las reglas de la naturaleza.

La fuerza vital es la que pone en marcha la conservación de la especie, y la propia conservación, y la enfermedad hay que entenderla como la forma que tiene la Naturaleza de restablecer el orden natural, de expulsar de nuestro cuerpo las toxinas que hemos introducido al seguir una vida desordenada y poco saludable.

La propia conservación

Muchísimos caen en el error de considerar la enfermedad como algo real en oposición a la salud. Esto es inexacto: la salud es el estado natural del hombre y la enfermedad es la carencia de salud. Quien cumple las leyes de la Naturaleza no puede estar enfermo. Cuando se contraviene alguna ley resulta una condición anormal y se manifiestan ciertos síntomas a que llamamos enfermedad, y el intento de la Naturaleza es expulsar la condición anormal y restablecer la salud.

Por lo general suele considerarse la enfermedad como si tuviera existencia propia. Decimos que nos «invade» o que nos ataca», «que afecta» a tal o cual órgano y «sigue su curso», que es «grave» o «benigna», que resiste a todo tratamiento o que cede rápidamente, etc. Hablamos de ella como si fuese una entidad con carácter, disposición y cualidades efectivas. La consideramos como algo que de nosotros se apodera y usa de su poder para matarnos. La tratamos como trataríamos a un lobo en un rebaño de ovejas, a una comadreja entre polluelos, a un ratón en un granero, es decir, que procuramos matarla o por lo menos ahuyentarla como haríamos con cualquiera de los animales mencionados.

La Naturaleza no es voluble ni caprichosa. La vida se manifiesta en el cuerpo de conformidad con leyes firmemente establecidas y sigue paso a paso su curso ascendente hasta llegar al cenit y después va decayendo gradualmente hasta que suena la hora de desechar el cuerpo físico como un vestido ya usado, cuando el alma debe entrar en una ulterior etapa de su evolución. La Naturaleza nunca tuvo el propósito que el ser humano desechara su cuerpo antes de envejecer, y los yogis saben que si desde la infancia se observaran las leyes naturales, la muerte en edad temprana sería tan rara como ahora lo es la muerte por accidente.

En el cuerpo físico actúa una fuerza vital que sin cesar nos beneficia a pesar de nuestra atolondrada violación de los principios cardinales de la forma de vivir recta. Mucho de lo que llamamos enfermedad es la acción defensiva y el reparador efecto de ia fuerza vital. No es una acción deprimente sino estimulante del organismo vivo. La acción es anormal porque son anormales las condiciones, y el reparador esfuerzo de la fuerza vital propende al restablecimiento de las condiciones normales.

1. El primer principio básico de la fuerza vital es la propia conservación. Este principio es evidente en todas partes donde hay vida. Bajo su acción se atraen macho y hembra, reciben primero el feto y después el niño el alimento necesario, soporta la madre heroicamente las penalidades de la maternidad, y los padres se ven impulsados a abrigar y proteger a su prole en las más adversas circunstancias. ¿Por qué? Porque todo ello significa el instinto de la conservación de la especie.

2. Igualmente interno es el instinto de conservación individual. Por conservar su vida física daría el hombre todo cuanto posee, y aunque esto no es estrictamente verdad respecto del hombre evolucionado, basta para explicar el principio de la propia conservación. Este instinto no es de índole intelectual, sino que reside en los fundamentos de la existencia y suele sobreponerse al intelecto. Es el instinto que mueve al hombre a echar a correr con todas sus piernas en presencia de un gravísimo peligro, a pesar de que había hecho firme propósito de arrostrarlo. Es el instinto que inicia al náufrago a convertirse en antropófago y matar a otro náufrago más débil, y lo convierte en bestia salvaje en circunstancias desesperadas y prevalece en muchas y variadas condiciones. Siempre se esfuerza en acrecentar la vida, en mejorar la salud y a veces nos pone enfermos con objeto de que estemos más sanos, nos acarrea una dolencia para expulsar alguna materia morbosa que por nuestra negligencia se introdujo en el organismo.

Por parte de la fuerza vital, el principio de la propia conservación nos dirige también hacia la salud con tanta seguridad como la fuerza magnética dirige la brújula hacia el Norte. El impulso es permanente aunque lo desdeñemos y no lo sigamos. El hombre tiene el mismo instinto de conservación por el que la semilla brota del suelo y a veces rechaza pesos mil veces mayores que el suyo en sus esfuerzos por salir a la luz del sol. Por el mismo impulso brota el vástago y se extienden las raíces bajo el suelo. Aunque según el caso la dirección es diversa, uno y otras se mueven en su debida dirección. Si nos herimos, la fuerza vital se apresta a sanar la herida con admirable sagacidad y precisión. Si nos rompemos un hueso, todo cuanto nosotros o el cirujano podemos hacer es entablillarlo en espera de que lo suelde la fuerza vital. Si tropezamos y caemos o se resienten los músculos, la fuerza vital hará lo necesario para remediar el daño, sin que por nuestra parte debamos hacer otra cosa que no estorbar su acción.

La fuerza vital impulsa a la conservación de la especie, a la conservación individual y a la sanación personal, por mucho que no la queramos tener en cuenta.

Todos los médicos saben y la medicina enseña que si el hombre está sano, la fuerza vital bastará para remediar los quebrantos de salud, excepto en el caso de la destrucción del órgano afectado. Cuando el organismo físico está ya muy gastado es mucho más difícil si no imposible el restablecimiento de la salud, porque la fuerza vital no puede actuar con entera eficacia en tan adversas circunstancias. Pero estamos seguros de que en cualquier condición hará cuanto pueda en nuestro favor. Porque si la fuerza vital no puede hacer por el individuo cuanto ella desea, no desistirá del empeño, sino que se acomodará a las circunstancias para sacar el mejor partido de ellas. Dejadla en libertad de acción y os mantendrá en cabal salud; pero si la entorpecéis con vuestros irracionales y antinaturales métodos de vida, aun tratará de abrirse paso y hacer cuanto pueda, a pesar de vuestra estupidez e ingratitud. Peleará en vuestro favor hasta el fin.

La adaptación al medio

El principio de adaptación al medio se ve también en todas las formas de vida. Una semilla caída en la resquebrajadura de una roca, si germina brota con forma de planta achaparrada según la configuración de la roca, o si es lo bastante recia hiende la roca y crece hasta su normal talla. Así la fuerza vital del hombre lo adapta a todos los climas y condiciones, de modo que donde no puede hender la roca, se extiende en extraña configuración, pero recia y viva.

Ningún organismo puede enfermar mientras mantenga las condiciones requeridas por la salud, porque la salud es la vida en condiciones normales, mientras que la enfermedad es la misma vida en condiciones anormales. Las condiciones en que el niño fue creciendo hasta llegar a una vigorosa virilidad, lo mantendrán necesariamente sano y vigoroso. En condiciones salutíferas, la fuerza vital actuará con perfecta eficacia; pero en condiciones deficientes, la fuerza vital se manifestará imperfectamente, dando por resultado lo que llamamos enfermedad.

La fuerza vital usa nuestras condiciones de vida para dar forma a nuestro cuerpo. Al vivir en un mundo apartado de la Naturaleza, no hay duda de que la fuerza vital tenderá a dar una forma alejada a la forma natural y sana.

Vivimos en una civilización que nos ha apartado de la Naturaleza, y a la fuerza vital le cuesta mucho trabajo hacer en nuestro beneficio todo lo que quisiera. No comemos, ni bebemos, ni respiramos, ni vestimos de conformidad con la Naturaleza. Hacemos lo que no debiéramos y omitimos lo que debiéramos hacer, y así es que andamos muy mal de salud.

El tema de la beneficiosa actuación de la fuerza vital forma parte de la filosofía de la Yoga Hatha, y los yogis la toman muy en consideración en su conducta. Saben que tienen un buen amigo y un poderoso aliado en la fuerza vital, y dejan que actúe libremente en ellos e intervienen lo menos posible en sus operaciones. Le tienen confianza porque beneficia su salud.

La mayor parte del éxito de la Yoga Hatha consiste en estos métodos a propósito para que la fuerza vital actúe libremente sin obstáculos, y tal es la finalidad de sus métodos y ejercicios. El yogihatha anhela limpiar el camino de impedimentos para que la fuerza vital recorra una vía llana. Quien oiga sus preceptos dotará de un notable beneficio a su cuerpo.

5
El cuerpo es un laboratorio

Este libro no está destinado a servir de texto de fisiología; pero como la mayoría de las gentes apenas conoce la naturaleza, funciones y usos de los diversos órganos del cuerpo, no estarán de más algunas palabras referentes a las funciones de nutrición que tienen lugar en el laboratorio del organismo.

La mayoría de las gentes han descuidado el uso normal de los dientes, de las glándulas salivales y de la lengua, que así no han podido prestar su mayor y mejor servicio. Pero si confiaran en ellos y siguieran los métodos normales del comer, responderían gozosamente a la confianza y prestarían completo servicio. Son buenos amigos y fieles servidores, pero necesitan un poco de confianza para cumplir acabadamente su tarea.

Los órganos digestivos

1. La dentadura

El primer órgano del mecanismo humano de la digestión es la dentadura. La Naturaleza nos ha provisto de dientes con que romper, rasgar y triturar los manjares y reducirlos a un tamaño y consistencia a propósito para que reciban fácilmente la acción de la saliva y del jugo gástrico, resultando al fin en líquida forma de propiedades nutritivas que absorba y se asimile el organismo.

Esto parece la repetición de un antiguo relato; pero ¿cuántos de nuestros lectores se conducen verdaderamente como si supiesen para qué tienen los dientes? Tragan como si sólo tuvieran la dentadura para exhibirla, y la Naturaleza los hubiese dotado como a las aves de una molleja capaz de desmenuzar los manjares ingeridos. Recordemos que la dentadura tiene su objeto, y consideremos que de haberse propuesto la Naturaleza que engulléramos los manjares sin masticar, nos hubiera dotado de molleja en vez de dientes. Algo más diremos respecto al buen uso de la dentadura, pues tiene estrecha relación con un principio vital del Yoga Hatha, según veremos más adelante.

2. Las glándulas salivales

Son seis, de las que cuatro están debajo de la lengua y dos en los carrillos, frente a las orejas, una a cada lado. Su función más conocida es la de segregar saliva que en caso necesario fluye por numerosos conductos a distintos puntos de la boca y hace su oficio en los manjares durante la masticación. Si los manjares están finamente divididos, la acción de la saliva en ellos es mucho más eficaz, pues los ablanda y facilita su deglución, aunque esta circunstancia es meramente incidental respecto de su acción química, que la ciencia occidental considera importantísima, pues transmuta la fécula en dextrina y es el primer paso en el proceso de la digestión.

También éste es otro cuento viejo. Todos sabemos para qué sirve la saliva; ¿pero cuántos comen de manera que la saliva cumpla el propósito que le señaló la Naturaleza? Generalmente se deglute el bolo alimenticio imperfectamente formado, tras una incompleta masticación, contrariando así el plan de la Naturaleza tan trabajosamente proyectado y para cuyo cumplimiento construyó tan hermoso y delicado mecanismo. Pero la Naturaleza deja rezagado a quien menosprecia y desdeña sus planes, pues tiene buena memoria y le hace pagar sus deudas.

3. La lengua

No hemos de olvidar la lengua, esta buena amiga a la que frecuentemente se la emplea en la vil labor de ayudar a la expresión de palabras iracundas, murmuraciones, mentiras, juramentos, dicterios y quejas.

La lengua desempeña parte muy importante en la nutrición del cuerpo. Además de sus numerosos movimientos con que empuja el bolo alimenticio de uno a otro lado de la boca y favorece la deglución, es el órgano del gusto y su juicio crítico permite o prohíbe el paso del manjar al estómago.

4. La faringe y el esófago

Después de masticado e insalivado, el alimento pasa por la faringe y del esófago al estómago. El esófago tiene una peculiar contracción muscular que empuja hacia abajo el bolo alimenticio, y este movimiento forma parte del acto de la deglución. El proceso de convertir la fécula en dextrina, que comenzó la saliva en la boca, prosigue durante el paso del bolo alimenticio por él esófago, pero cesa al entrar en el estómago, y en consecuencia, vemos mayormente la ventaja de masticar e insalivar con suma detención los manjares, pues de lo contrario llegarán al estómago sin estar en las condiciones requeridas para que la Naturaleza prosiga su obra.

5. El estómago

El estómago es un órgano de figura de retorta cuya capacidad ordinaria llega a poco más de un litro. El bolo alimenticio, procedente del esófago, entra en el estómago por el orificio superior, a la izquierda de esta víscera, llamado cardias, debajo del corazón. Después sale el alimento del estómago por el orificio situado en la parte derecha inferior, y entra en el intestino delgado. Dicho orificio se llama píloro y tiene una válvula tan admirablemente construida que deja pasar el alimento al intestino, pero no le permite retroceder al estómago. La palabra píloro deriva de otra griega que significa «portero», y es nombre apropiado porque el píloro desempeña su función como un portero siempre vigilante, nunca dormido.

El estómago es un eficaz laboratorio en que el alimento se transforma en substancia nutritiva que ha de convertirse en valiosa sangre arterial que al circular por el cuerpo repara y renueva todas las partes del organismo.

6. El interior del estómago

El interior del estómago está recubierto de una delicada membrana mucosa provista de infinidad de glándulas diminutas, rodeadas de una red de vasos capilares. Dichas glándulas segregan el jugo gástrico con unapoderosa acción química sobre la parte nitrogenada o albuminosa de los alimentos, pero no actúa sobre la dextrina en que la saliva convirtió la fécula. El jugo gástrico es un líquido saliácido, cuyo principio activo, llamado pepsina, desempeña importantísima parte en la digestión estomacal. En perfecta salud, el estómago segrega alrededor de un litro de jugo gástrico en veinticuatro horas, y lo emplea en el proceso de la digestión. Al entrar el bolo alimenticio en el estómago, las glándulas segregan la conveniente cantidad de jugo gástrico que se mezcla enseguida con la masa alimenticia, y entonces el estómago se mueve como una batidora que empuja la masa de un lado a otro, y la remueve de modo que el jugo gástrico penetra en toda ella. La mente instintiva interviene en la admirable obra de los movimientos del estómago, que actúa como un mecanismo acabadamente lubricado.

**Si el estómago recibe el alimento apropiado,
debidamente masticado e insalivado,
será fácil y completa su obra.**

Si, como sucede frecuentemente, el estómago recibe alimentos impropios, o insuficientemente masticados e insalivados, o si la gula lo hincha, entonces no puede llevar a cabo normalmente su obra y sobreviene la fermentación de la masa, de modo que se convierte el estómago en una «retorta de fermentos», como metafóricamente se lo ha llamado en tan anormales circunstancias.

Si las gentes supieran en qué sumidero o letrina convierten su estómago, dejarían de encogerse de hombros y atenderían anhelosamente a lo que se dice acerca de la necesidad de contraer hábitos dietéticos racionales y sanos.

Los fermentos pútridos resultantes de los hábitos dietéticos viciosos amenazan hacerse crónicos y determinar la dispepsia u otros trastornos digestivos. El fermento queda en el estómago hasta mucho después de haber comido, y cuando se vuelve a ingerir alimento también fermenta y se convierte el estómago en un pudridero, se perturba su funcionamiento y la membrana interna es entonces viscosa, blanducha, delgada y débil. Las glándulas se obstruyen y no es posible la saludable digestión estomacal. El quimo a medio formar y contaminado con los ácidos del fermento pasa en tal caso al intestino delgado, resultando de ello que poco a poco se va intoxicando el organismo entero de la inconveniente nutrición.

7. El intestino delgado

En circunstancias normales, el quimo elaborado en el estómago por el jugo gástrico y el movimiento de batidora de dicho órgano, pasa por el píloro al intestino delgado, que es un conducto tubular ingeniosamente arrollado sobre sí mismo, de suerte que ocupa muy poco espacio, aunque desarrollado mediría de seis a nueve metros de longitud. La pared interna está recubierta de una membrana aterciopelada dispuesta en pliegues transversales a manera de anaqueles con movimientos musculares llamados contracciones peristálticas, cuya mecánica acción favorece el paso de las substancias alimenticias y acrecienta la superficie de secreción y absorción. La índole aterciopelada de la mucosa intestinal proviene de multitud de resaltos por el estilo de los de la felpa, llamados vellos intestinales, cuya función explicaremos más adelante.

Tan pronto como el quimo entra en el intestino delgado, recibe la acción de los jugos pancreático e intestinal y de la bilis, que saturan por completo el quimo.

8. El hígado
La bilis es una secreción del hígado y se acumula en disposición de pronto servicio en una especie de saco llamado vejiga biliar. Cada veinticuatro horas se consume como un litro de bilis en saturar el quimo cuando pasa el intestino delgado. Su oficio es ayudar al jugo pancreático en la emulsión de las grasas de modo que las pueda absorber el intestino, así como también produce un efecto antiséptico que impide la putrefacción de los alimentos, y por otra parte neutraliza el jugo gástrico que ya ha realizado su acción.

9. El páncreas
El jugo pancreático es secretado por el páncreas, una glándula oblonga situada detrás del estómago, y ejerce su acción en las grasas para que el intestino las pueda absorber con las demás partes de la sustancia nutritiva. Cada veinticuatro horas se consume en esta labor medio litro de jugo pancreático.

Los centenares de miles de vellosidades que cubren la mucosa del intestino delgado están en continuo movimiento de vaivén en el quilo, que absorben mientras va pasando por el intestino delgado.

Los diversos actos del proceso de la digestión son los siguientes: masticación, insalivación, deglución, digestión estomacal o quimificación, digestión intestinal o quilificación, absorción y asimilación.

El proceso digestivo

La masticación es un acto efectuado por los dientes con la ayuda de los labios, lengua y carrillos. Divide los manjares en pequeñas partículas, de modo que reciban más fácilmente la acción de la saliva.

Insalivación es el acto por el cual los manjares masticados se saturan de la saliva que secretan las glándulas salivales. La saliva convierte la fécula en dextrina y después en glucosa soluble. Esta alteración química es posible por virtud del principio activo de la saliva, llamado ptialina, que obra como fermento en la transmutación de las substancias con que tiene notoria afinidad.

La digestión propiamente dicha se efectúa en el estómago y en el intestino delgado, y consiste en la conversión de la masa alimenticia en producto absorbible y asimilable. La verdadera digestión comienza en el estómago. En este punto, el jugo gástrico fluye copiosamente y empapa al bolo alimenticio, en el que ejerce su química acción convirtiendo la albúmina en peptona, y dejando en libertad las grasas.

El principio activo del jugo gástrico es la pepsina acompañada por el ácido clorhídrico.

Terminada la digestión estomacal, las porciones fluidas de la masa alimenticia, así como los líquidos bebidos durante la comida, pasan luego al intestino delgado, mientras que la porción sólida, llamada quimo, sufre la acción del movimiento de batidora, según ya dijimos. Al cabo de una hora, el quimo empieza a salir lentamente del estómago.

Al salir del estómago, entra el quimo en el intestino delgado, según dijimos, y recibe la acción de los jugos pancreático, intestinal y bilioso. Empieza entonces la digestión intestinal, y dichos jugos deslían las partes todavía sólidas y convierten el quimo en un líquido llamado quilo, que contiene peptona procedente de la digestión de las albúminas y glucosa proveniente de la transformación de la fécula. Estas substancias van a parar a la sangre, mientras que las inútiles para la nutrición pasan al intestino grueso por la válvula ilíaca.

La absorción es el acto por el cual los vasos llamados quilíferos absorben el quilo resultante de la digestión intestinal y lo vierten en el torrente circulatorio. La absorción se efectúa mediante el fenómeno físico llamado osmosis.

El hígado secreta la bilis que, según dijimos, se vierte en el intestino delgado. También contiene el hígado una substancia llamada glicógeno, formada en dicho órgano de los materiales que le allegó la vena porta procedentes de la digestión intestinal. Poco a poco se transforma el glicógeno en glucosa, substancia análoga al azúcar de uva.

El páncreas secreta el jugo pancreático, que se vierte en el intestino delgado e interviene en la digestión intestinal, y actúa principalmente sobre las grasas.

Los riñones están situados en los lomos detrás de los intestinos. Son dos y tienen figura de haba. Purifican la sangre, de la que eliminan algunas substancias nocivas y mayormente la urea, y después excretan lo eliminado por dos conductos llamados uréteres que lo llevan a la vejiga, situada en la pelvis, donde se va depositando la orina hasta que se expulsa al exterior.

Queremos llamar la atención del lector sobre la circunstancia de que cuando el alimento entra en el estómago impropiamente masticado e insalivado, cuando los dientes y las glándulas salivales no han podido cumplir eficientemente su obra, queda entorpecida la digestión, trabajan excesivamente los órganos y no son capaces de hacer cuanto se exige de ellos. Es como si se quisiera forzar a una brigada de operarios a que además de su labor propia realizaran la de otra brigada, o como si el maquinista ferroviario hubiese de desempeñar al propio tiempo las funciones de fogonero. Los millones de células absorbentes situadas en los intestinos han de absorber algo, pues tal es su función, y si no les proporcionamos materiales sanos y nutritivos, absorberán los líquidos pútridos fermentados en el estómago y los intestinos y los transmitirán a la sangre, que a su vez los conducirán a todas partes del cuerpo, incluso al cerebro, y así no es extraño que emponzoñados de esta forma se quejen muchos de cefalalgia, biliosidad y otras dolencias.

6
EL FLUIDO DE LA VIDA

En el capítulo anterior dimos idea de cómo los manjares se van transformando poco a poco en substancias asimilables que transportadas a la sangre nutren el organismo, cuyas diferentes partes vigorizan y renuevan.

En este capítulo describiremos brevemente cómo efectúa la sangre dicha obra.

Las substancias nutritivas extraídas de los alimentos entran en el torrente circulatorio y se mezclan con la sangre que por las arterias fluye a todas las partes del cuerpo donde cumple su obra reconstructiva. Después vuelve la sangre por las venas, cargada con los desechos y células gastadas, a fin de que estos detritos queden eliminados del organismo por la acción de los pulmones y otros órganos.

El torrente sanguíneo

La fluencia de la sangre que por venas y arterias va y viene del corazón, se llama circulación. El corazón es la máquina que mueve el aparato circulatorio.

No describiremos anatómicamente el corazón, pero diremos algo acerca de su funcionamiento.

Empecemos por el punto en que terminamos el capítulo anterior, o sea cuando las substancias nutritivas pasan a la sangre que, impelida por el corazón, fluye por las arterias, que son unos conductos elásticos con muchas ramificaciones, desde los de mayor calibre hasta los capilares, cuyo diámetro sólo es de siete centésimas de milímetro. Parecen cabellos muy finos, de lo que les viene el calificativo de capilares.

Estos vasos penetran en los tejidos como mallas de una red y ponen la sangre en contacto con todas las partes del organismo. Las paredes de los vasos capilares son sumamente tenues y por ella pasan osmóticamente a los tejidos las sustancias nutritivas conducidas por la sangre.

Los vasos capilares llevan a todo el organismo las sustancias nutritivas, pero también recogen los desechos orgánicos.

Los vasos capilares no sólo dejan en los tejidos las sustancias nutritivas conducidas por la sangre arterial, sino que recogen los desgastes procedentes de la renovación de los tejidos en el viaje de regreso de la sangre, según muy luego veremos,

Reanudemos el estudio de las arterias, que desde el corazón llevan la pura sangre roja, cargada de substancias nutritivas, por las sucesivas y cada vez más delgadas ramificaciones arteriales, hasta que llega a los tejidos por los vasos capilares, cuyas células asimilan inteligentemente dichas substancias nutritivas. Ya diremos algo acerca del trabajo de estas células.

Una vez que deja la sangre en los tejidos los elementos nutritivos que arrastra al circular, emprende el camino de regreso al corazón cargada con las células muertas y demás desechos procedentes del desgaste y renovación de los tejidos. Comienza el regreso por los vasos capilares, pero no los de las arterias, sino que, mediante un ordenamiento de desviación, donde terminan los arteriales empiezan los capilares venosos que gradualmente van aumentando de diámetro hasta formar las venas mayores del sistema circulatorio que comunican con el corazón.

Pero antes de volver la sangre a la red arterial, se transforma de negra y sucia o venosa en roja y limpia o arterial al pasar por el crematorio de los pulmones, donde en el acto de la respiración se queman y eliminan gran parte de los desechos arrastrados por la sangre venosa, que así se convierte en arterial. En otro capítulo trataremos de la función respiratoria.

La linfa

Sin embargo, antes de seguir adelante, conviene advertir que también hay otro fluido circulante por el sistema. Es la linfa, de composición muy parecida a la de la sangre, y que contiene de ésta algunas substancias exudadas de los vasos sanguíneos y también algunos desechos del organismo que el sistema linfático restaura y vuelven a entrar últimamente en la sangre.

La linfa circula por conductos delgados parecidos a las venas, pero tan pequeños que para distinguirlos a simple vista es necesario inyectarles mercurio. Los conductos linfáticos desaguan en varias venas de las de mayor calibre, y entonces la linfa se mezcla con la sangre que retorna al corazón. El quilo pasa del intestino delgado a la linfa que circula por las partes interiores del cuerpo, y lo transfiere a la sangre, mientras que, según dijimos en el capítulo anterior, los demás productos de la digestión intestinal van directamente a la vena porta y pasan por el hígado, de modo que aunque siguen distintos caminos también se vierten en el torrente circulatorio.

Así vemos que la sangre es el contribuyente del cuerpo, pues directa o indirectamente le proporciona alimento, nutrición y vida. Si la sangre es pobre o la circulación débil, resultan deficientemente nutridas algunas partes del cuerpo y sobreviene la enfermedad.

La sangre da la décima parte del peso total del cuerpo. La cuarta parte de la sangre está distribuida entre el corazón, arterias y venas; otra cuarta parte está en el hígado; otra cuarta parte en los músculos y el resto en los demás tejidos del organismo. El cerebro utiliza una quinta parte de la cantidad total de la sangre.

Recordemos que la condición de la sangre resulta de los alimentos que tomamos y de la manera con que comemos. La sangre será abundosamente nutritiva si los manjares son sanos y los ingerimos debidamente, tal como lo requiere la Naturaleza.

En cambio, pobre o poca sangre tendrá quien halague sus anormales apetitos o se aficione a manjares impropios y malsanos. La sangre es vida y cada cual elabora su sangre. Estas pocas palabras lo resumen todo.

Pasemos ahora al crematorio de los pulmones y veamos qué le sucede a la sangre azul venosa e impura que regresa cargada de desechos recogidos de todas partes del cuerpo. Echemos una ojeada al crematorio.

7
El crematorio del organismo

El proceso de respiración es el que regenera la sangre de las venas y la convierte en sangre sana, en los pulmones. El aparato respiratorio, pues, es uno de los más vitales para el funcionamiento del cuerpo humano, pone en funcionamiento los músculos del cuerpo y oxigena los alimentos para permitirnos que los digiramos correctamente.

El aparato respiratorio

El aparato respiratorio consta de los pulmones y de los conductos del aire que a ellos llega.

1. Los pulmones son dos y ocupan la cámara pleural del tórax, uno a cada lado de la línea media y separados uno de otro por el corazón, los grandes vasos sanguíneos y los conductos aéreos de mayor calibre. Los pulmones están libres en todos sentidos menos en su base o raíz, que consiste principalmente de los bronquios, las arterias y las venas que enlazan los pulmones con la tráquea y el corazón. Los pulmones son de tejido esponjoso, muy elástico y poroso.

2. La pleura. Los pulmones están recubiertos y protegidos por una especie de saco de textura delicada, pero muy resistente, llamado pleura, una de cuyas paredes está fuertemente adherida a los pulmones y la otra a la superficie del tórax. Secreta un fluido que facilita el deslizamiento mutuo de las paredes en el acto de la respiración.

El aparato respiratorio está formado por la nariz, la faringe, la laringe, la tráquea y los bronquios.

Al respirar introducimos aire en los pulmones por conducto de la nariz, cuya membrana, abundante en sangre, lo calienta, y después de pasar por la faringe y la laringe, llega a la tráquea, que se divide y subdivide en numerosos tubos llamados bronquios, que a su vez terminan en infinidad de subdivisiones menudísimas en contacto con los millones de alvéolos, celdillas o espacios de aire de los pulmones. Dice un autor que si los alvéolos pulmonares se esparcieran ininterrumpidamente en una superficie, ocuparían un área de 1.330 metros cuadrados.

El proceso de la respiración

El aire llega a los pulmones por la acción del diafragma, músculo grande, fuerte, llano, a manera de plancha, que transversalmente separa el tórax del abdomen. El movimiento del diafragma es casi tan automático como el del corazón, aunque por ésfuerzo de la voluntad puede transmutarse en músculo semivoluntario. Al dilatarse el diafragma aumenta la capacidad del tórax así formado. Cuando el diafragma se relaja, disminuye la capacidad torácica, se contraen los pulmones y se expelen los productos de la respiración.

Antes de considerar lo que le sucede al aire en los pulmones, echemos una ojeada a la circulación de la sangre. Ya sabemos que el corazón impele la sangre por las arterias hasta los capilares que la ponen en contacto con todos los órganos del cuerpo cuyos tejidos nutre, vitaliza y fortalece, excepto los del tejido nervioso, que son los únicos que no se renuevan. Después retorna la sangre al corazón, comenzando su camino de regreso por los capilares venosos, que gradualmente van aumentando de diámetro hasta llegar al corazón, de donde va a los pulmones.

Durante su trayecto arterial, la sangre es roja, brillante, con propiedades vitalizadoras; pero al volver por las venas es de color azul oscuro, casi negro, espesa, mate y cargada con los desechos del organismo. Sale del corazón como una pura agua de manantial, y regresa como corriente de cloaca que vierte y desemboca en la aurícula derecha del corazón, que una vez llena de sangre venosa se contrae y la impele a pasar por una válvula al ventrículo derecho del corazón que la envía a los pulmones, por cuyos alvéolos la distribuyen millones de capilares.

Al respirar, en el acto de la inspiración se inhala aire cuyo oxígeno se pone en contacto con la sangre venosa de los pulmones a través de las paredes de los capilares, lo bastante fuertes para contener la sangre y lo suficiente para permitir el paso del aire. Cuando el oxígeno se pone en contacto con la sangre, ocurre una especie de combustión, pues este gas quema u oxida los desechos de que va cargada la sangre venosa, y el producto de la combustión es anhídrido carbónico y vapor de agua. La sangre así oxigenada y limpia, recobradas sus vitalizadoras propiedades, vuelve al corazón por la aurícula izquierda, de donde pasa al ventrículo izquierdo, y de aquí sale nuevamente para que las arterias le lleven a nutrir y vitalizar todas las partes del organismo.

Fácilmente se comprende que si no llega a los pulmones suficiente cantidad de aire puro, no es posible purificar la sangre venosa, y en consecuencia no sólo queda el organismo mal nutrido, sino que los desechos que debiera haber destruido la respiración vuelven a la sangre, con riesgo de septicemia o autointoxicación y muerte. El aire produce el mismo efecto, aunque en menor grado.

Se calcula que cada veinticuatro horas pasan por los capilares de los pulmones 17.000 litros de sangre cuyos corpúsculos pasan unos tras otros y exponen a la acción del oxígeno sus dos superficies. Al considerar los minuciosos pormenores de este proceso, no puede uno menos de admirar la perfección de que hace gala la Naturaleza, en su infinita sabiduría.

Si el individuo no inspira suficiente cantidad de aire, no puede obrar debidamente la sangre, y de ello deriva la enfermedad o algún quebranto de salud. La sangre del individuo que no respira normalmente es de color azulado negruzco, sin la roja brillantez de la sangre arterial, según suele denotar la palidez del rostro, mientras que quien bien respira regulariza la circulación sanguínea, lo que se revela en la rosada tersura del cutis.

Un poco de reflexión nos convencerá de la importancia de respirar debidamente. Si el regenerador proceso de los pulmones no purifica por completo la sangre venosa, vuelve a las arterias en estado anormal, con bastantes impurezas de las que tomó en su viaje de regreso, y estas impurezas vueltas al organismo se manifestarán seguramente en alguna alteración de la sangre, en cualquier enfermedad resultante del perturbado funcionamiento de tal o cual órgano mal nutrido. De aquí el riesgo de la septicemia o envenenamiento de la sangre.

Cuando la sangre venosa recibe debidamente en los pulmones la acción del oxígeno, no sólo consume sus impurezas y se desembaraza del nocivo anhídrido carbónico, sino que también absorbe cierta cantidad de oxígeno que se pone en contacto con la sangre, se une con la hemoglobina y llega a todas las células, pues substituye las células y tejidos gastados por nuevos materiales que utiliza la Naturaleza.

La sangre arterial no sólo vitaliza el oxígeno todos los órganos del cuerpo, sino que la digestión depende materialmente de cierto grado de oxigenación de los alimentos, para lo cual es necesario que con ellos se ponga en contacto el oxígeno de la sangre y produzca una especie de combustión. Por lo tanto, es indispensable que los pulmones reciban suficiente cantidad de oxígeno. De aquí la tan frecuente circunstancia de que la debilidad y la deficiente digestión sean casi siempre simultáneas.

Para comprender todo el significado de esta afirmación debemos recordar que el cuerpo se nutre del alimento asimilado y que la incompleta asimilación supone siempre deficiente nutrición. Aun los mismos pulmones se nutren de la misma fuente, y si por incompleta respiración es deficiente la asimilación y a su vez se debilitan los pulmones, aún serán menos capaces de funcionar normalmente, y el organismo se debilitará de más en más. Los manjares y bebidas han de estar oxigenados para que sean nutritivos y para que se puedan eliminar los desechos del organismo.

La sangre arterial normalmente puesta en contacto del aire contiene un 25 por 100 de oxígeno libre.

La insuficiencia de oxígeno significa imperfecta nutrición, imperfecta eliminación y deficiente salud. Verdaderamente, el aliento es vida.

La combustión respiratoria que transmuta los desechos arrastrados por la sangre venosa produce calor que regula la temperatura del cuerpo. Quienes respiran debidamente no están expuestos a resfriados ni pulmonías y por lo general su sangre es lo bastante caliente para resistir la temperatura del exterior.

Además de los mencionados procesos, la respiración ejercita los músculos y órganos internos, aunque los autores occidentales desdeñen o se burlen de esta característica muy tenida en cuenta por los yogis.

La respiración incompleta sólo pone en actividad un corto número de alvéolos pulmonares, de modo que la mayor parte del área de estos órganos permanece inactiva, y el organismo se resiente en proporción al grado de insuficiencia de oxígeno. Los animales silvestres respiran normalmente y lo mismo haría sin duda el hombre primitivo. El anormal género de vida predominante en el hombre civilizado, como sombra que eclipsa la luz de la civilización, le quitó el natural hábito de respirar en debida forma, con grave perjuicio para la humanidad en general.

La única salvación del hombre en cuanto a su vida física es el retorno a la Naturaleza.

8
Nutrición

El cuerpo humano está cambiando constantemente. Las células de los tejidos óseo, muscular, adiposo y conectivo, así como los humores, se degastan y eliminan, y otras nuevas las substituyen, elaboradas en el admirable laboratorio del organismo.

Podemos considerar el cuerpo físico del hombre como una planta, pues en verdad es su vida semejante a la de las plantas. ¿Qué necesita la planta para brotar, entallecer, ahijar, florecer y fructificar? Sencillamente aire puro, sol, agua y elementos nutritivos. Todo esto requiere para medrar saludablemente. También el cuerpo físico del hombre requiere lo mismo exactamente que la planta, es decir, aire puro, sol, agua y elementos nutritivos para llegar con salud a su completo crecimiento.

Consideremos primero la nutrición, dejando para otros capítulos lo referente al aire, sol y agua.

El cuerpo: un músculo cambiante

Así como la planta va medrando lenta y continuamente, asimismo es incesante en el cuerpo físico del hombre la operación de eliminar o desasimilar las células gastadas y substituirlas por otras nuevas. No nos damos cuenta de esta admirable labor, pues la efectúa la parte subconsciente de nuestra naturaleza, a que llamamos mente instintiva.

La salud y vigor de todas las partes del cuerpo físico humano dependen de la constante renovación de sus materiales, y si esta renovación se detuviera sobrevendría la muerte. El reparo de los materiales gastados que el organismo desecha es una necesidad imperiosa; por lo tanto, tiene primacía al tratar de la salud del hombre.

La clase de este tema en la filosofía del Yoga Hatha es la nutrición, y conviene asociar la idea de alimento con la nutrición. Para el yogi, el alimento no significa lo que halaga al paladar, sino ante todo, sobre todo y contra todo, lo que sirve para nutrir saludablemente el cuerpo.

Para la mayoría de los occidentales, el yogi ideal es un ente flaco, enteco, huesudo, macilento y medio extenuado que se pasa días enteros sin comer, porque le parece el alimento demasiado «material» para su «naturaleza espiritual». Sin embargo, nada más distante de la verdad. Los yogis, por lo menos los versados en la Yoga Hatha. consideran la nutrición como el primer deber para con su cuerpo, y cuidan de mantenerlo siempre propiamente nutrido, de modo que el nuevo material asimilado sea por lo menos igual en cantidad al desasimilado por desgaste.

Ciertamente, el yogi no es comilón ni aficionado a exquisitos y suculentos platos. Por el contrario, se ríe de semejante insensatez y prefiere los manjares sencillos y nutritivos a los superfluos y pesados materiales de los complicados platos de quienes desconocen el verdadero significado de la alimentación.

El hombre no se nutre de lo que come, sino de lo que asimila. Mucha sabiduría contiene esta vieja máxima,

pues expresa en pocas palabras lo que en centenares de páginas expusieron varios autores.

Más adelante señalaremos el método que los yogis emplean para extraer el máximo de elementos nutritivos de la mínima cantidad de manjares. Dicho método está entre ambos extremos de los métodos occidentales de la sobrealimentación y de la parquedad, cada uno de los cuales pondera su eficacia y abomina del contrario. Al sencillo yogi se le puede perdonar que se sonría ante las disputas de los partidarios de quienes creen necesaria la abundancia de manjares para la nutrición, y de los que reconociendo la insensatez de la sobrealimentación no ofrecen otro remedio que la parquedad y el prolongado ayuno, que ha ocasionado a veces la debilidad del organismo, el menoscabo de la energía vital y hasta la muerte.

Para el yogi no existen los inconvenientes de la mala nutrición, por una parte, y del exceso de alimentación, por otra, pues hace muchos siglos que resolvieron este problema sus ascendientes, cuyos nombres casi ha olvidado la presente generación.

Recordemos una vez para siempre que la Yoga Hatha no aprueba el ayuno sistemático, sino que, por el contrario, sabe y enseña que el organismo del hombre, para mantenerse sano y vigoroso, necesita nutrirse mediante la ingestión y asimilación de suficiente y apropiado alimento.

Tengamos también en cuenta que el Yoga Hatha rechaza por ridícula la teoría de que la nutrición proviene del mucho comer, y además mira con asombro y lástima semejante glotonería propia de un cerdo y no de un hombre evolucionado.

Sabe el yogi que el hombre ha de comer para vivir y no ha de vivir para comer.

El yogi es epicúreo más bien que sibarita, pues aunque se alimenta con manjares sencillos, ha educado el natural sentido del gusto hasta el extremo de que su hambre comunica a los manjares un sabor apetecido pero no logrado por los ansiosos del triunfo de los hábiles cocineros.

Aunque el principal objeto del yogi al comer es nutrirse, procura que su comida sea un placer, cosa desconocida por quienes desdeñan los sencillos manjares.

En el capítulo siguiente trataremos del hambre y del apetito, dos sensaciones completamente distintas del cuerpo físico, a pesar de que la mayoría de las gentes las confunda.

9
Hambre y apetito

Según dijimos al terminar el capítulo anterior, el hambre y el apetito son dos sensaciones enteramente distintas del cuerpo humano. El hambre es la normal demanda de alimento. El apetito es el anormal deseo de satisfacer el gusto. El hambre es como el sonrosado color de las mejillas de un niño sano. El apetito es como el pintado rostro de la mujer de moda. Sin embargo, la mayoría de las gentes emplean como sinónimas las palabras hambre y apetito. Veamos en qué consiste la diferencia.

Sensaciones y necesidades

Muy difícil es explicar las respectivas sensaciones de hambre y apetito a las personas llegadas a la madurez de la vida, porque en su mayoría han pervertido la sensación del hambre en la del apetito, de suerte que desde hace muchos años no han experimentado la sensación del hambre y no saben en qué consiste. Y es muy arduo describir una sensación a quien no la haya experimentado. Será posible describir un sonido a una persona de audición normal, comparándolo con otro análogo que ya conozca; pero notoria es la imposibilidad de dar idea del sonido a un sordo de nacimiento, del color a un ciego congénito o del olor al anosmático.

Mas para quien se ha emancipado de la esclavitud del apetito, las respectivas sensaciones del hambre y apetito son del todo diversas y fácilmente distinguibles una de otra, de modo que tiene exacto concepto de cada una de ambas, mientras que para el hombre común que se llama civilizado, el hambre es la causa del apetito y el apetito es efecto del hambre, sin que comprenda el verdadero significado de ambas palabras.

Pondremos algunos ejemplos familiares que sirvan de explicación.

Consideremos la sed. Todos hemos experimentado la natural sensación de sed que exige un trago de agua fresca. Se nota la sensación en la boca y la garganta, y sólo puede satisfacerse con el agua fría, único líquido provisto por la Naturaleza para apagar la sed. Pues bien, la sed natural es una sensación análoga al hambre.

Pero muy diferente de esta natural sensación es el ansia que el hombre experimenta por las bebidas aromáticas, por las sodas y gaseosas, y más diferente todavía de la anormal sed de vinos, licores, cervezas y otras bebidas alcohólicas. ¿Se empieza a entender lo que queremos significar?

Oímos decir a unos que están sedientos de soda y a otros que lo están de aguardiente. Sin embargo, si esos tales tuvieran verdadera sed, es decir, si su organismo exigiera líquidos, ansiarían beber agua pura, que les apagaría la sed. Pero el agua no satisface la sed que tienen de soda o de aguardiente. ¿Por qué? Porque no es sed natural, sino apetito anormal y perversión del gusto. El apetito se convirtió en hábito y afirma su dominio. No obstante, notaremos que cuando las víctimas de esta sed anormal experimentan la verdadera sed, desean agua pura, sin pensar en las demás bebidas. ¿No le ha sucedido esto alguna vez al lector?

Conviene advertir que no tratamos de dar una conferencia contra el hábito de la bebida ni de pronunciar un sermón sobre la templanza, sino ejemplificar la diferencia entre la natural necesidad de la sed y el contraído hábito del apetito de comer y beber sin relación con el hambre y la sed naturales.

Cuando el individuo contrae el hábito del tabaco en cualquiera de sus modalidades, o el de la bebida, el de mascar goma o el de algún estupefaciente, llega a ser el hábito más fuerte que la natural necesidad de comer o beber, y se han conocido casos de quienes murieron literalmente de hambre por haber malgastado todo su dinero en licores o estupefacientes; hubo quien vendió hasta las ropas de sus hijos, y robó y aun asesinó por satisfacer el ansia de las drogas narcóticas. ¿Quién se atrevería a llamar hambre a este insano y ansioso apetito? Y sin embargo, continuamos creyendo que es hambre toda ansia de un manjar, cuando en realidad es tan apetito como el deseo de tabaco, licores o estupefacientes.

Los animales domésticos experimentan el hambre natural hasta que las golosinas que les dan sus amos les pervierten la sensación. El niño tiene hambre natural hasta que le suscitan el apetito de los dulces, confites y manjares excitantes del paladar. En este caso, el grado del apetito vicioso depende en buena parte de la posición económica de los padres, pues cuanto más ricos sean mayor será el apetito de placeres y regalos, de suerte que al llegar a la virilidad es muy probable que haya olvidado la verdadera sensación de hambre.

Así es que las gentes consideran el hambre como algo desolador y aflictivo, en vez de considerarlo como una necesidad natural del organismo humano. Cuando las gentes salen de excursión campestre y hacen ejercicio al aire libre, la vida en contacto con la Naturaleza les renueva la verdadera sensación del hambre, y entonces comen como chiquillos, con un placer desde mucho tiempo atrás no experimentado. Tienen hambre de veras y no comen por vicio, como cuando están en sus casas y no cesan de llenar el estómago.

Recientemente leímos que algunos millonarios que habían naufragado durante una excursión en un yate de recreo se vieron precisados a vivir con escasa alimentación durante diez días. Cuando los salvaron tenían retratada la salud en sus rostros sonrosados, con ojos brillantes y el precioso don del hambre natural. Algunos de la comitiva habían sufrido de dispepsia por varios años; pero los diez días de sobria alimentación los habían curado completamente de la dispepsia y otros trastornos. No les faltó la suficiente nutrición y eliminaron los desechos que emponzoñaban su organismo. Su curación definitiva dependía de si volverían o no a suplantar el hambre por el apetito.

El hambre y la sed naturales se manifiestan por medio de los nervios de la boca y de la garganta. Cuando uno tiene hambre, el pensamiento o mención, del manjar produce una peculiar sensación en la boca, garganta y glándulas salivales. Los nervios de dichas partes del cuerpo manifiestan una peculiar sensación, fluye la saliva y toda aquella región del cuerpo denota el deseo de funcionar. El estómago no presenta ningún síntoma ni se pone en evidencia en tales ocasiones. El individuo nota que sería muy agradable el sabor de un manjar sano, y no se experimenta en el estómago ninguna sensación de desmayo, debilidad, torcedura y vacuidad, características del hábito de apetito que insiste en persistir. ¿No suscita estos síntomas el vicioso hábito de la bebida?

El ansia y la sensación de vacuidad son características de ambas modalidades de apetito anormal. La misma sensación experimenta el que se desvive por fumar un cigarro o mascar tabaco.

Hay quien se admira de que a uno le plazca una comida casera, y es porque substituyó el hambre natural por un artificioso apetito, y no se siente satisfecho hasta halagar este apetito que imposibilita el gusto por los tradicionales platos de la comida doméstica.

Si el hombre se acostumbrara al hambre natural por retorno a sus costumbres primitivas, encontraría sabrosos los manjares de su niñez, porque volvería a saciarse como un niño.

Acaso el lector se extrañe de que todo esto tenga algo que ver con la Yoga Hatha; pero es porque el yogi ha vencido el apetito y sólo experimenta la sensación de hambre. Se complace en todo manjar saludable, aunque sea una corteza de pan, y de él se nutre. Come de un modo desconocido de la mayoría de las gentes, según describiremos más adelante, y muy lejos de ser un extenuado anacoreta, está bien nutrido y goza en los festines porque lo incita el hambre, que es la mejor salsa.

10
Absorción del prana

De mil maneras cabe demostrar la sagacidad con que la Naturaleza combina varias funciones en un solo órgano y cómo hace agradables ciertas funciones indispensables para la vida. En este capítulo expondremos uno de los más sorprendentes ejemplos de dicha índole. Veremos cómo se las compone la Naturaleza para efectuar varias funciones al mismo tiempo y cómo hace placenteras las de mayor necesidad en la vida del organismo físico.

El prana de los alimentos

Consideremos primeramente la teoría yoguística de la absorción del prana extraído de los alimentos. Según esta teoría, todo cuanto al hombre y a los animales sirve de alimento contiene cierta modalidad de prana absolutamente necesaria para mantener el vigor y la energía del organismo, y que absorben los nervios de la boca.

En el acto de la masticación queda libre dicho prana, y al dividirse en partículas los manjares menudas, se pone en contacto con los carrillos, lengua y dientes el mayor número posible de átomos de prana. Cada átomo de alimento contiene numerosos electrones de prana nutritivo o energía nutritiva, y esos electrones quedan en libertad merced a la masticación y a la acción de ciertos sutiles constituyentes químicos de le saliva que escapan al análisis de los químicos modernos y cuya existencia no sospechan los investigadores actuales, aunque tenemos la completa seguridad de que la demostrarán los futuros.

Todo cuanto al hombre y a los animales sirve de alimento contiene cierta modalidad de prana.

Una vez librado de los manjares, el prana alimenticio pasa a través de carne y huesos hasta llegar a los nervios de la boca, que lo transportan rápidamente a los numerosos centros del sistema nervioso, de donde se distribuye por todas las partes del cuerpo que lo utilizan para suministrar energía y vitalidad a las células. Tal es la sumaria exposición de la teoría cuyos pormenores iremos señalando a medida que adelantemos en la exposición.

El estudiante se extrañará acaso de que sea necesario extraer de los alimentos este prana, siendo así que el aire está cargado de dicha energía y se requiere mucho esfuerzo por parte de la Naturaleza para extraerla de los alimentos.

Pero la explicación está en que si bien todo prana es sencillamente prana, así como, respecto a la electricidad, hay varias modalidades de corriente eléctrica con muy distintos efectos en el organismo humano, de la propia suerte hay varias modalidades de prana, cada una con su peculiar acción, en el cuerpo físico, pero todas necesarias para las diferentes funciones.

Hay muchos tipos de prana, y cada uno actúa de una manera distinta: los pranas más conocidos son el del aire, el del agua y el de los alimentos.

El prana del aire obra de una manera, el del agua de otra, y de ambas difiere la del prana extraído de los alimentos. Como sería ajeno al propósito de este libro entrar en pormenores sobre la teoría acerca del prana alimenticio, deberemos conformarnos con su simple exposición. Lo importante es saber que el alimento contiene el prana necesario para el cuerpo humano, y que sólo es posible extraerlo por medio de la masticación para que lo absorban los nervios de la boca.

Consideremos ahora cómo combina la Naturaleza dos importantes efectos en los actos de la masticación y la insalivación. En primer lugar, la ley natural exige que cada partícula de alimento se mastique o insalive antes de la deglución, y cualquier descuido a este respecto acarrea seguramente una incompleta o deficiente digestión.

La salivación

La perfecta masticación es un natural hábito del hombre, descuidado por las exigencias de la vida artificial a que lo somete la civilización. Es necesario masticar el alimento para que se mezcle con la saliva y pueda fácilmente deglutirse y mezclarse después con el jugo gástrico y los jugos intestinales. La masticación provoca la afluencia de saliva, factor muy necesario en el proceso de la digestión. La insalivación de los alimentos es un acto del proceso digestivo, y la saliva efectúa una obra que no puede realizar ningún otro jugo digestivo.

Los fisiólogos enseñan explícitamente que la cuidadosa masticación y la debida insalivación son actos indispensables del proceso digestivo y requisitos previos de la normal digestión. Algunos especialistas han ido mucho más allá que la generalidad de los fisiólogos en la importancia atribuida a los actos de la masticación y la insalivación.

Una autoridad en fisiología, el autor norteamericano Horacio Fletcher, ha escrito enérgicamente sobre este asunto y ha dado relevantes pruebas de la importancia de dichos dos actos en la función digestiva. Aconseja Fletcher una manera de masticar muy semejante a la costumbre de los yogis, pero mientras él considera el maravilloso efecto que el alimento bien masticado e insalivado tiene en la digestión, la teoría yoguística tiene por mira principal la absorción del prana extraído de los alimentos completamente masticados. Lo cierto es que ambas finalidades o miras se consiguen, pues a la estrategia de la Naturaleza se ha de atribuir la simultaneidad de la insalivación y la absorción del prana alimenticio, con notable economía de esfuerzo.

En el estado natural del hombre, la masticación era un acto muy agradable, y así es en los animales y en los niños. El animal mastica su alimento con sumo deleite, y el niño chupa, lame, mastica y retiene el manjar en la boca durante mucho más tiempo que el adulto, hasta que sigue el ejemplo de sus padres y se acostumbra a engullir sin apenas triturar.

Dice Fletcher en su obra sobre este asunto que el placer de saborear los manjares durante la masticación lo proporciona el sentido del gusto; pero la teoría yoguística, aunque reconoce la mucha intervención del gusto, afirma que hay además un indescriptible sentimiento de satisfacción en mantener los manjares en la boca, paladearlos, darles vuelta con la lengua, masticarlos de modo que bien insalivados se deglutan casi inconscientemente. Sostiene Fletcher que mientras tenga sabor una partícula de manjar podrá servir de alimento. Los yogis también lo creen así, pero añaden que hay otra sensación placentera en retener los manjares en la boca sin tragarlos, y que esta agradable sensación persiste hasta que la masticación ha extraído todo el prana del manjar.

Así es que quien siga ese procedimiento en la comida, siquiera parcialmente, no engullirá los manjares sin apenas masticarlos, sino que por efecto de la cuidadosa masticación e insalivación, el bolo alimenticio se deslizará casi sin sentir por el esófago. Esta sensación se experimenta lo mismo con los más sencillos manjares que con los más sabrosos y exquisitos.

Es casi imposible describir esta sensación, pues no hay en los idiomas europeos palabra a propósito para expresar el concepto, pues los pueblos occidentales no acertaron a experimentarla. Lo mejor que cabe hacer es compararla con otras sensaciones, a riesgo de que resulte ridícula la comparación.

Conocida es la sensación causada por la presencia de una persona sumamente magnética, que consiste en el indescriptible sentimiento de la absorción de vitalidad. Hay quienes tienen tal abundancia de prana en su organismo, que rebosan de esta energía y la comunican a los demás, de lo que resulta que muchos quieren estar en compañía de dicha persona y les duele separarse de ella.

Otro ejemplo es la sensación que experimenta quien está junto al ser amado. En este caso hay un intercambio de magnetismo o pensamiento cargado de prana, cuya influencia es en verdad evidente. Un beso de la persona amada está tan henchido de magnetismo que de pies a cabeza se estremecen de placer tanto el que lo da como el que con el mismo efecto lo recibe.

Esto da muy imperfecta idea de la sensación que tratamos de describir.

El placer dimanante de una masticación sana y normal no proviene únicamente del sabor agradable de los manjares, sino también y en gran parte de la peculiar sensación que se experimenta al absorber el prana, lo cual es análogo a los ejemplos mencionados, aunque hasta que el individuo reconozca la similitud de las dos masticaciones de energía el citado ejemplo puede provocar la risa o mover al ridículo·

Según los yogis la prana es la energía universal,

Quien haya dominado el falso apetito, tan a menudo confundido con el hambre, masticará una dura corteza de pan integral y no sólo logrará cierta satisfacción del sabor del alimento en la corteza contenido, sino que experimentará la sensación a que hemos aludido anteriormente.

Se necesita un poco de práctica para desechar el hábito del falso apetito y volver a los métodos naturales.

La masticación

Los manjares más nutritivos son siempre los más sabrosos para el gusto normal, pues conviene tener en cuenta que el prana alimenticio está contenido en los manjares en razón directa de su valor nutritivo, lo cual es nuevo ejemplo de la sabiduría de la Naturaleza.

El yogi come despacio y mastica cada bocado mientras le halla agradable sabor. En la mayoría de los casos esta sensación persiste mientras permanece el alimento en la boca, pues el involuntario proceso de la Naturaleza va disolviendo lentamente el alimento hasta que se deglute sin sentir.

El yogi mueve poco a poco la mandíbula y deja que la lengua acaricie el alimento y que los dientes lo trituren suavemente, pensando en que así extrae el prana de él y lo absorben los nervios de la boca para estimular y fortalecer el organismo y llenar los depósitos de energía. Al propio tiempo ha de pensar el individuo en que está preparando debidamente el alimento para las digestiones estomacal e intestinal, a fin de proporcionar materiales para la renovación del cuerpo.

Quienes sigan el método de los yogis obtendrán de los manjares mucha mayor substancia nutritiva que la generalidad de las gentes, porque cada grano de alimento cede el máximo de elementos nutritivos, mientras que si los manjares se tragan a medio masticar e insalivar, muchos elementos nutritivos se desperdician y se expulsan del organismo con los excrementos. En dicho método sólo se expulsa del organismo lo realmente inútil e inservible, pues de los manjares se extraen cuantos elementos nutritivos contienen y sus átomos ceden gran cantidad de prana.

El movimiento que al bolo alimenticio comunican las mandíbulas, lengua y carrillos en el acto de la masticación es causa de que los nervios de la boca vayan extrayendo el prana de los manjares.

Los yogis mantienen durante largo rato el alimento en la boca, lo mastican lenta y completamente hasta deglutirlo por el proceso involuntario, y experimentan entonces el gozo resultante de la extracción de prana.

Cada cual puede hacer la prueba cuando tenga tiempo y oportunidad colocándose en la boca un pedazo de manjar y masticándolo lentamente, dejando que se disuelva en la boca, como haría con un terrón de azúcar. Se sorprenderá quien haga la prueba de ver cuán fácilmente se ejecuta la obra de la deglución involuntaria, de modo que el alimento va soltando poco a poco la mayor parte de su prana hasta que por último se desliza sin sentir por el esófago al estómago.

Por ejemplo, si tomamos una corteza de pan y la masticamos completamente con la idea de ver cuánto tiempo durará en la boca sin deglutirla, observaremos que no la deglutimos de la manera usual, sino que poco a poco se irá marchando de la boca según se vaya reduciendo a una masa pastosa hasta desaparecer. Sin embargo, esta corteza de pan nos habrá proporcionado de este modo doble cantidad de elementos nutritivos y triple cantidad de prana que un pedazo de pan de igual tamaño engullido a medio masticar.

Otro ejemplo interesante nos ofrece la leche, que por ser líquida no necesita masticación como los manjares sólidos. Sin embargo, la experiencia enseña que un litro de leche trasegado rápidamente al estómago no proporciona al organismo ni la mitad del prana obtenido de la misma ración de leche tomada a sorbos durante un cuarto de minuto retenidos en la boca y agitados con la lengua hasta deglutirlos.

El lactante procede instintivamente del mismo modo al chupar de la teta o del biberón, pues mueve lengua y carrillos para provocar el flujo de la saliva que extrae el prana de la leche y ejerce en ese líquido su acción química, aunque en rigor las glándulas salivales del lactante no segregan verdadera saliva hasta que echa la mayor parte de los dientes.

Aconsejamos al lector que experimente en sí mismo cuanto dejamos expuesto acerca de la masticación de los manjares y absorción de prana. Cuando se le depare oportunidad de lugar y tiempo, mastique pausadamente un manjar sin esforzarse en deglutirlo, sino dejando que se deslíe más y más en la saliva, de suerte que las partículas parezcan ya medio digeridas y se haya extraído de ellas todo el prana.

Si el lector prueba comer de este modo una manzana, se sorprenderá al experimentar después la misma sensación satisfactoria como si hubiese comido una abundante ración de cualquier otro manjar y notará el acrecentamiento de sus fuerzas.

Comprendemos perfectamente cuán fácil le es al yogi tomarse todo el tiempo necesario para comer pausadamente, y cuán difícil le es tal lentitud al presuroso negociante occidental, por lo que no esperamos que nadie sea capaz de extirpar: radicalmente en un momento un hábito inveterado.

Pero tenemos la seguridad de que la perseverante práctica acabar por desterrar el viejo y rutinario procedimiento de la incompleta masticación y substituirlo por el de los yogis, de suerte que proporcione mayor placer al paladar y se aprenda a masticar lentamente, esto es, difiriendo la deglución hasta que por sí misma se efectúe.

Un nuevo mundo en el sentido del gusto se le abre a quien sigue el método yoguístico, y no sólo comerá con mucho más placer que antes, sino que digerirá más fácilmente y acrecentará su vitalidad, porque se asimilará mucho mayor proporción de elementos nutritivos y gran suma de prana.

Quien tenga tiempo y ocasión de llevar este método a su extremado límite obtendrá de una relativamente corta ración una casi increíble cantidad de substancia nutritiva, sin dejar desecho alguno, según podrá observarse cronológicamente.

Quienes sufren de anemia, malas digestiones, enflaquecimiento y menoscabo de la vitalidad, encontrarán alivio si adoptan el indicado plan.

Tienen los yogis fama de sobrios y aun parcos en la comida; y sin embargo, comprenden perfectamente la valía y necesidad de una completa nutrición, por lo que siempre mantienen el cuerpo bien nutrido y provisto de los materiales a propósito para su reparo y reconstrucción.

El secreto de esta aparente anomalía consiste en que el yogi no desperdicia ni una partícula de alimento, pues de todas extrae los principios nutritivos que contienen.

No se recarga nunca de materias mixtas que embotan el organismo y cuya eliminación consume gran cantidad de energía. Obtiene el máximo de nutrición del mínimo de alimentos y gran cantidad de prana de una relativamente escasa ración.

Aunque de pronto no sea el individuo capaz de seguir rigurosamente el indicado método, puede lograr no poca ventaja en ensayarlo.

Nosotros nos contraemos a exponer los principios generales. Lo demás lo ha de hacer cada cual por sí mismo, puesto que es la única manera de aprender las cosas, cualquiera que sea el método.

Hemos repetido varias veces que la actividad mental favorece poderosamente la absorción de prana, tanto del extraído del aire como del alimento.

Si mantenemos el pensamiento de que estamos absorbiendo todo el prana contenido en el bocado y asociamos este pensamiento al de «nutrición», acrecentaremos la eficacia del método.

11
ALIMENTACIÓN

Deseamos dejar resuelto el punto relativo a la elección de manjares. Aunque personalmente preferimos los de cierta clase, por creer que son los más saludables, comprendemos la imposibilidad de mudar en un día el régimen dietético seguido durante toda una vida o heredado de muchas generaciones, y así debe guiarse el individuo por. su propia iniciativa y su creciente conocimiento más bien que por las ajenas afirmaciones dogmáticas. Los yogis prefieren la dieta vegetal, tanto por razones higiénicas como por la aversión oriental a comer carne de animales. Los estudiantes más adelantados de la filosofía yoguística prefieren el régimen de frutas, semillas y raíces, con un pan integral sin levadura.

Los regimenes alimenticios

Cuando los yogis viajan por países donde predominan diferentes dietéticas no vacilan en adaptarse más o menos a las nuevas condiciones, a fin de no ser gravosos ni molestos a sus huéspedes, pues saben que si mastican e insalivan detenidamente los manjares, el estómago cuidará de lo que coman. En efecto, aun los manjares más indigestos de la cocina moderna pueden tomarse con tal de seguir el saludable procedimiento de la completa masticación. Así es que escribimos este capítulo con el espíritu de un yogi en viaje, pues no queremos someter a nadie a determinadas reglas.

El hombre debería irse acostumbrando a un más racional régimen alimentario, en vez de verse obligado a adoptarlo de repente.

Es difícil el súbito tránsito a la dieta vegetal, para quien ha estado acostumbrado toda su vida al régimen carnívoro; y aún más difícil es que el habituado a los manjares cocinados al fuego pase de un salto al régimen crudívoro.

Todo cuanto demandamos al lector es que reflexione sobre el asunto y se valga de su instinto para escoger los manjares con la mayor variedad posible.

Si en el instinto confía, lo moverá a escoger los manjares que mayormente necesite en cada comida, y es preferible confiar en el instinto que someterse a un régimen inalterable. El mejor manjar es el que mayormente apetece, con tal de no apartarse de las reglas de masticación y variar la dieta cuanto consienta el gusto.

Expondremos algunas cosas que el hombre racional ha de evitar, aunque las expondremos a modo de consejo. En cuanto a la abstención de carne, creemos que el hombre llegará poco a poco a comprender que la carne no es manjar apropiado; pero conviene que extinga el deseo de comerla, pues si se abstiene y la desea será lo mismo que si la comiese.

El hombre cesará de desear carne según adelante en su evolución, pero hasta que llegue este día, no le será beneficiosa la forzada abstención. Desde luego que muchos lectores no estarán conformes con este criterio, pero no podemos menos de reconocer que la experiencia corroborará nuestras afirmaciones.

Quien esté interesado en la cuestión de las relativas ventajas de las diversas clases de manjares puede leer cualquiera de las mejores obras que sobre trofología se han publicado en estos últimos años. Pero ha de enterarse de todos los aspectos de la cuestión y no dejarse seducir por el unilateral criterio del autor del libro que consulte.

Muy interesante e instructivo es conocer el valor nutritivo de los manjares que constituyen nuestro género ordinario de alimentación, pues semejante conocimiento nos conducirá a una dieta más racional. Sin embargo, el cambio de régimen ha de ser consecuencia de la reflexión y de la experiencia del individuo más bien que de cuanto diga algún fanático o maniático por otro género de alimentación.

Ha de considerar cada cual si come o no demasiada carne o demasiada grasa o bastante fruta, si es muy aficionado a los dulces y pasteles y si no le convendría usar el pan integral.

Si se nos requiriesen reglas generales respecto a la alimentación, diríamos:

1. Comed variedad de manjares.
2. Absteneos de los platos complicados y suculentos.
3. No toméis muchas grasas.
4. Guardaos de las fritangas.
5. Sed parcos en las carnes y repudiad las de cerdo y las rojas.
6. Haced un régimen que sea sencillo.
7. No abuséis de dulces y pasteles y absteneos de repostería caliente.
8. Masticad lenta y completamente según el procedimiento ya expuesto.
9. No receléis comer de cuanto gustéis con tal de comerlo debidamente y sin temor de que os haga daño.

10. El desayuno ha de ser ligero, porque muy poco reparo necesita el cuerpo que ha descansado durante toda la noche.
11. Si es posible, conviene hacer un poco de ejercicio antes de desayunar.

Si el individuo adquiere el natural hábito de la completa masticación y experimenta el placer derivado del bien comer, se le desvanecerá todo anormal apetito y tendrá hambre natural. Entonces el instinto será lo bastante agudo para escoger el manjar más apropiado a cada caso y circunstancia. El instinto del hombre es un buen guía, con tal de que no lo haya echado a perder la complacencia en los absurdos platos de las modernas cocinas excitadoras del falso apetito.

Quien se encuentre indispuesto no tema suprimir la comida o la cena para dar tiempo al estómago de terminar la emprendida tarea. Es posible vivir algunos días sin tomar alimento, aunque no aconsejamos el prolongado ayuno. Sin embargo, opinamos que en caso de enfermedad conviene dar descanso al estómago, a fin de que la energía reparadora pueda expulsar los desechos causantes del trastorno. Se observará que los animales no quieren comer cuando están enfermos y se mantienen echados hasta que, restaurada la salud, vuelven a comer. Podemos aprender provechosamente de ellos esta lección.

No deseamos convertir a nadie en fanático o maniático respecto de la alimentación, de los que pesan, miden y analizan cada bocado. Creemos que este procedimiento es anormal y propenso a inspirar temor a ciertos manjares y henchir la mente instintiva de toda clase de errores. Nos parece mucho mejor procedimiento valerse del ordinario criterio y tomar las acostumbradas precauciones en la elección de los manjares, y sin vacilar más sobre el asunto comerlos con el pensamiento puesto en la nutrición que han de proporcionar, pues si se mastican según queda indicado, la Naturaleza obrará con arreglo a su ley.

Mantengámonos tan cercanos a la Naturaleza como nos sea posible y que sus planes sean la norma de nuestra conducta.

El hombre sano y robusto no anda con remilgos en la comida ni tampoco ha de ser escrupulosamente raro quien desee conservar la salud. Manteneos jubilosos, respirad y comed debidamente, vivid de acuerdo con las leyes de la vida y no habrá necesidad de analizar químicamente cada partícula de manjar Que nadie tema poner su confianza en el instinto, que al fin y al cabo es la natural guía del hombre.

12
La irrigación del cuerpo

Uno de los principios cardinales de la filosofía de la salud expuesta por la Yoga Hatha es el inteligente uso del agua, precioso don otorgado por la Naturaleza a los seres vivientes. No debería ser necesario llamar la atención de las gentes hacia la circunstancia de que el agua es uno de los más eficaces medios de mantener la salud normal; pero el hombre se ha esclavizado de tal modo a su medio ambiente, a sus hábitos, costumbres, etc., que olvidó las leyes de la Naturaleza. Su única esperanza es volver a intimar con la Naturaleza.

El papel del agua

El niño conoce instintivamente la utilidad del agua y la pide con insistencia; pero, ya crecido, desdeña los hábitos naturales y cae en las erróneas prácticas de sus mayores. Así ocurre sobre todo en las ciudades populosas, donde les repugna la ingrata agua de las espitas, y poco a poco pierden la afición al normal uso de los líquidos, por lo que contraen nuevas costumbres en cuanto a la bebida, o se abstienen de beber, y al desdeñar las demandas de la Naturaleza acaban por no ser conscientes de ellas.

A veces oímos decir a las gentes: ¿Por qué hemos de beber agua si no tenemos sed? Pero si quienes tal dicen hubiesen seguido los caminos de la Naturaleza, tendrían sed de agua, y si no oyen las demandas de la Naturaleza es porque de tal manera se hacen los sordos, que la Naturaleza llegó a cansarse y ya no les habla en tono tan alto, pues los oídos de ellos, atentos a otras cosas, ya no reconocen el timbre de su voz. Es asombroso que las gentes menosprecien esta importante característica de la vida.

Hay quienes apenas beben agua y afirman que les sería dañoso beberla.

Se ha llevado este error hasta el extremo de que un titulado «profesor de salud» se atrevió a exponer la estupenda teoría de que «la sed es una enfermedad» y aconsejaba a las gentes que no bebieran ninguna clase de líquidos, porque la bebida era antinatural. No intentaremos rebatir semejantes enseñanzas porque resultará evidente su insensatez a quien observe los naturales hábitos de vida del hombre y los animales.

Si el hombre retornara a la Naturaleza, vería que beben agua todos los seres vivientes, todas las formas de vida, desde la planta hasta el mamífero superior de la escala zoológica.

Tanta importancia atribuye el yogi al acto de beber agua, que lo considera como uno de los fundamentales principios de la salud. Sabe que muchísimos enfermos lo están por escasez de fluidos en su organismo. Así como la planta necesita agua además de sol, de aire y de los elementos nutritivos que extrae del suelo, para medrar saludablemente, así también el hombre requiere la necesaria cantidad de agua para conservar la salud o recobrarla si la pierde.

¿Quién osaría privar de agua a una planta? ¿Quién sería tan cruel que no diese de beber al fiel caballo? Sin embargo, el hombre que por una parte proporciona a las plantas y animales el agua que necesitan, se priva personalmente del vivificante líquido y sufre las consecuencias de la privación como las sufrirían la planta y el caballo en semejantes condiciones. Conviene tener presente este ejemplo de la planta y del caballo, al tratar la cuestión del agua considerada como bebida.

Veamos qué papel desempeña el agua en el organismo y después digamos si vivimos o no normalmente a este respecto.

1. En primer lugar, del 70 al 80 por 100 del peso de nuestro cuerpo es agua. Cierta cantidad de esta agua se elimina constantemente, por lo que es necesario substituir gota a gota la eliminada para mantener el cuerpo en normal condición.

2. Continuamente expele agua el organismo por los poros de la piel en forma de sudor y transpiración. Se llama sudor cuando es tan abundante y rápido que se condensa en gotas; y transpiración cuando el agua se va evaporando continua e insensiblemente. Los experimentos han demostrado que si la transpiración de la piel cesa, muere el individuo.

En uno de los festivales de la antigua Roma revistieron a un niño de hojas de papel dorado pegadas a la piel para que representara a un dios, y murió por falta de transpiración antes de que fuese posible despegarle el papel. Quedó interrumpido el funcionamiento natural del organismo, y el alma del niño abandonó su carnal morada.

El análisis químico ha demostrado que el sudor y la transpiración están cargados con parte de los desechos del organismo, la suciedad interna del cuerpo, que sin la conveniente proporción de agua, permanecerían en los diversos órganos con riesgo de su enfermedad y muerte. No cesa la reparadora obra del organismo corporal, de modo que las células gastadas se expulsan y las reemplazan nuevos materiales transportados por la sangre que los recibió de los alimentos bien digeridos.

3. Los desechos se han de eliminar, pues la Naturaleza lo exige y no quiere en modo alguno almacenarlos en el organismo, pues si en él permanecieran determinarían morbosas condiciones porque servirían de abrigo a los gérmenes patógenos, que en verdad no molestan gran cosa a un organismo limpio y sano, pero que para hacer su obra se apoderan de los aborrecedores del agua.

Ya trataremos más ampliamente este asunto al hablar de los baños.

El agua desempeña muy importante parte en la vida cotidiana según el método del Yoga Hatha. Se usa interna y externamente, para conservar la salud y para recobrarla cuando la enfermedad ha perturbado las funciones naturales del organismo. Tratamos del agua en varios pasajes de esta obra, y comoquiera que es asunto de suma importancia rogamos al lector que no lo desdeñe creyéndolo baladí por lo sencillo. La mayoría de los lectores necesitan este aviso. Que no dejen de escucharlo y obedecerlo, porque les allegará beneficio.

El sudor y la transpiración son necesarios para aliviar el excesivo calor del cuerpo mediante la evaporación, y mantener la temperatura normal.

Según dijimos, la transpiración y el sudor ayudan a eliminar los desechos, y así la piel es un órgano suplementario de los riñones; pero sin agua no podría la piel desempeñar esta función.

El adulto normal elimina de uno y medio a dos litros de agua cada veinticuatro horas en forma de sudor y transpiración, pero los trabajadores empleados en fatigosas tareas eliminan mucha mayor cantidad. Se puede soportar un más alto grado de calor en una atmósfera seca que en una húmeda, porque en la primera la transpiración se evapora rápidamente y substrae más calor al cuerpo.

Por los pulmones se expele una cantidad de agua casi igual a la expelida por la piel. Los riñones del adulto sano eliminan tres litros en veinticuatro horas. Todas estas pérdidas se han de resarcir para que funcione ordenadamente el mecanismo corporal. El cuerpo necesita agua para diversos objetos. Uno de ellos es regular la incesante combustión resultante de la química acción del oxígeno del aire por los pulmones, al ponerse en contacto con el carbono procedente de los alimentos. Esta combustión efectuada en millones de células produce el calor animal. El agua que circula por el organismo regula dicha combustión de modo que ese calor no sea demasiado intenso.

También sirve el agua de vehículo, pues circula por las arterias y venas y conduce los corpúsculos sanguíneos y los elementos nutritivos a las varias partes del cuerpo para utilizarlos en el ya citado proceso de reparación.

Al regresar la sangre al corazón por el camino de las venas, se carga con los desechos que si permanecieran en los órganos los emponzoñarían, y de la sangre los eliminan los ríñones, la piel y los pulmones. Sin suficiente agua no es posible efectuar esta eliminación, de conformidad con las leyes naturales del organismo; y lo que todavía es más importante, sin suficiente agua los desechos de la digestión no adquieren la conveniente consistencia para pasar sin dificultad por el colon y prevenir el estreñimiento.

Sin agua en el organismo, disminuye la cantidad de sangre.

Saben los yogis que la escasez de agua en el organismo es causa del 90 por 100 de los casos de constipación, estreñimiento y obstrucción intestinal, así como saben que es posible curarlos sin más que reanudar el natural hábito de beber agua en suficiente cantidad.

Aunque dedicaremos todo un capítulo a este asunto, deseamos llamar sobre él la atención del lector lo más frecuentemente posible.

En verdad se necesita suficiente cantidad de agua para favorecer y estimular la circulación de la sangre, la eliminación de los desechos y la asimilación de las substancias nutritivas por el organismo.

Quienes no beben agua suficiente casi siempre tienen poca sangre, están pálidos y parecen anémicos, con la piel ardorosa y febricitante, y escasa transpiración. Su aspecto es enfermizo y semejan una fruta medio seca, necesitada de un copioso remojón para recobrar su normal lozanía.

El no beber agua supone una serie de dolencias, que se producen al intentar librarse de los excrementos por otros medios:

Estreñimiento
Suciedad del intestino grueso, sobre todo del colon
Mal aliento
Transpiración sudorosa y maloliente
Orina espesa y encendida

No es tema de muy amena lectura, pero es necesario hablar claro y sencillo a fin de que el lector fije la atención en tan importante asunto. Resulta algún tanto paradójico que haya quienes cuidan solícitamente de la externa limpieza del cuerpo y en cambio lo dejan internamente en morbosa suciedad. Todo ello por falta de un poco de agua.

Todos los órganos internos del cuerpo humano necesitan agua, constante irrigación, que si se les niega, sufren lo mismo que los terrenos de cultivo en tiempo de sequía. Todas las células, tejidos y órganos del cuerpo necesitan agua para estar sanos. El agua es un disolvente universal que capacita al organismo para asimilar y distribuir las substancias nutritivas allegadas por la sangre y desechar los desgastes del sistema.

Se ha dicho repetidamente que «la sangre es vida», y en verdad que esta definición estaría mejor aplicada al agua, porque sin agua la sangre sería polvo.

También el agua es indispensable para favorecer el funcionamiento de los riñones, que secretan de la sangre la urea y otros desechos. Asimismo se necesita agua para elaborar la saliva, la bilis, los jugos gástricos, pancreático e intestinal, sin los que la digestión sería imposible. Si suprimiéramos la provisión del agua al organismo, carecería de todos estos elementos indispensables para la vida fisiológica. ¿Quién será capaz de negar o escatimar el agua a su organismo físico?

La recuperación del agua

Si alguien dudara de lo expuesto, creído de que todo son hipótesis de los yogis, no tiene más que consultar cualquier tratado de fisiología escrito por alguna de las autoridades occidentales sobre la materia. Allí encontrará corroborado cuanto decimos.

Un notable fisiólogo occidental ha dicho que por la mucha agua existente en los tejidos de un organismo normal, puede considerarse axiomático que «todo organismo vive en el agua», y si no hay agua no puede haber vida ni salud.

Hemos expuesto que los riñones secretan cada veinticuatro horas unos tres litros de orina que salen del organismo llevando en solución los desechos y las materias nocivas que extrajeron de la sangre. También dijimos que en el mismo tiempo de veinticuatro horas elimina la piel de uno y medio a dos litros de agua en forma de sudor y transpiración. A esto hay que añadir el agua que sale del organismo en el acto de la espiración y la que contienen los excrementos, las lágrimas y otras secreciones del organismo. ¿Cuánta agua se necesita para resarcir estas pérdidas?

1. Con los alimentos, y especialmente con los de determinada clase, entra en el organismo cierta cantidad de agua; pero muy corta con relación a la eliminada por las secreciones.

2. Las más prestigiosas autoridades convienen en que el adulto necesita de dos a tres litros de agua cada veinticuatro horas para reponer las pérdidas de este líquido, y si el organismo no recibe esta cantidad extraerá el agua que le falta de los diversos humores propios de la vida fisiológica, y el individuo se irá adelgazando hasta la enjuta flaccidez, con todas sus funciones trastornadas, por estar el mecanismo fisiológico privado de su material lubricante y depurador.

La persona que solo beba medio litro de agua, o menos, cada veinticuatro horas, tendrá varios problemas.

1. Dispepsia
2. Estreñimiento.
3. Alta presión arterial.
4. Anemia.
5. Neurastenia.
6. Desequilibrio del organismo

Los que no beben agua acaban repletos de toxinas que la Naturaleza no ha podido eliminar por medio de los riñones porque el cuerpo no dispuso de la suficiente provisión de agua. Tampoco es extraño que el colon de los abstemios de agua esté embutido de compactas materias excrementicias que la Naturaleza no ha podido expulsar por falta de agua con que empujarlas al exterior. No es extraño que la saliva y demás jugos digestivos sean deficientes en quien no proporciona al organismo el agua que necesita para elaborarlos. No es maravilla que tenga poca sangre el organismo necesitado de agua, y que se le descompongan los nervios al que está en tan malas condiciones de vida fisiológica.

Sin embargo, el organismo hace de por sí todo cuanto puede a pesar de las imprudencias del individuo, y así extrae un poco de agua de sus mismos tejidos y humores a fin de que no cese de funcionar la máquina corporal. Se conduce entonces el organismo como agricultor en tiempo de sequía, que se ve obligado a economizar el agua y hacer con poca cantidad las operaciones que con mucha hacía en normales circunstancias.

No temen los yogis beber diariamente la necesaria cantidad de agua. No temen «aguar la sangre», como temen algunos de los de enjuta flaccidez. El organismo ya sabe eliminar fácil y rápidamente el agua que por acaso se le da de más. No son los yogis aficionados a las bebidas heladas, artificioso producto de la civilización, sino que beben el agua a la natural temperatura ambiente, sólo cuando tienen sed y nunca mucha de una sola vez ni a grandes tragos, sino a sorbos frecuentes durante el día, pues mientras trabajan tienen a su disposición una vasija de agua de la que beben un sorbo si tienen sed.

Quienes durante largos años sofocaron sus naturales instintos y perdieron la costumbre de beber agua, necesitan mucha práctica para recobrarla; pero si se resuelven a ello no tardarán en notar que el cuerpo les pide agua, y con el tiempo volverán a experimentar la sed natural que sólo es posible satisfacer con el agua.

Un eficaz ejercicio es el de tener al lado un vaso de agua y beber de cuando en cuando un sorbo, con el pensamiento fijo en el provecho que ha de allegar, y diciendo mentalmente: «Le doy a mi cuerpo el líquido que necesita para funcionar normalmente y estoy seguro de que me restituirá a las normales condiciones de vida, dándome salud, fuerza y vigor.»

Los yogis beben antes de acostarse un vaso de agua que depura el organismo durante la noche, de suerte que los desechos se eliminan con la orina por la mañana. También beben por la mañana en ayunas otro vaso de agua que lava el tubo digestivo y expulsa los desechos acumulados durante la noche. Por lo general, beben un vaso de agua una hora antes de cada comida y enseguida hacen un poco de ejercicio, pues dicen que así se prepara el aparato digestivo para recibir el alimento y se excita el hambre natural.

No temen beber agua durante las comidas, a pesar de que muchos profesores naturistas se horrorizan de semejante cosa; pero tienen mucho cuidado de no encharcar los manjares en la boca, pues eso, además de diluir la saliva, impide la perfecta masticación. Creen los yogis que sólo de esta manera es perjudicial el agua tomada en las comidas, y por esta razón son entonces parcos en beber, de modo que la poca agua que beben mientras comen no debilita los jugos digestivos.

Los occidentales suelen limpiar el estómago sucio con tisanas calientes, y aunque no es mala costumbre en caso necesario, nadie tendría sucio el estómago sino bueno y sano si practicara la norma de vida que siguen los yogis.

Como medida preliminar del racional método de alimentación, puede ser ventajoso el uso del agua caliente en tisanas; pero mejor es beber a sorbos medio litro de agua caliente al levantarse o una hora antes de cada comida, a fin de excitar la acción muscular de los órganos del aparato digestivo y de expulsar las materias excrementicias, luego de ablandadas y diluidas por el agua. Esto no es más que un recurso transitorio, pues el organismo no admite el agua caliente como bebida usual, ya que la única saludable es el agua a la temperatura ordinaria; pero si la salud se quebranta por desobediencia a las leyes naturales, el agua caliente es un eficaz depurador antes de reanudar los naturales hábitos.

Además de las propiedades y usos del agua tal como dejamos expuesto, debemos decir que contiene considerable cantidad de prana, de la que buena parte pasa al organismo, sobre todo si la requiere. A veces notamos la necesidad de beber un vaso de agua como estimulante a causa de haberse agotado en el organismo la provisión de prana, y como la Naturaleza sabe que hay prana en el agua, demanda una cantidad de este líquido. Todos sabemos que a veces un vaso de agua nos ha servido de poderoso estimulante y vigorizador, capacitándonos para reanudar nuestro trabajo con verdadera energía. Nadie se ha de olvidar del agua cuando se sienta agotado. Si se usa el agua en simultaneidad con el método yogi de respiración, allegará nuevas energías con preferencia a cualquier otro método.

Al sorber el agua conviene dejarla unos segundos en la boca antes de tragarla, pues los nervios de la boca son los primeros en absorber el prana, por lo que dicha manera de sorber el agua será muy beneficiosa, sobre todo cuando el individuo está fatigado.

13
Los desechos del organismo

No será este capítulo de muy agradable lectura para quienes estén todavía sujetos al viejo prejuicio que considera nefandas por impuras ciertas partes del cuerpo humano, y acaso lo consideren como un borrón de este libro, como algo que debiera haberse omitido porque a su parecer debería quedar ignorado. Pero a éstos les diremos que no vemos utilidad alguna, antes bien mucho daño, en seguir la conducta del avestruz del viejo apólogo, que perseguido por los cazadores escondió la cabeza en la arena, creyendo que por no verlos se libraba del peligro, hasta que llegaron y sin resistencia la prendieron.

Los órganos encargados de los desechos

Tenemos tal respeto por el cuerpo humano y todas sus partes y funciones, que no podemos ver en él nada impuro ni obsceno, por lo que nos parece insensata la conducta que repugna considerar las funciones a que vamos a referirnos o cualesquiera otras injustamente repudiadas. El resultado de la convencional conducta de eludir los temas desagradables ha sido que no pocos sufran enfermedades ocasionadas por el imprudente silencio. Para muchos de los que lean este capítulo será una revelación lo que digamos, y quienes ya estén familiarizados con el asunto de que vamos a tratar, recibirán complacidos la exposición de la verdad en este libro por el beneficio que ha de allegar el haber llamado la atención sobre ello.

Nos proponemos hablar sencillamente sobre los desechos del organismo y la expulsión de los materiales inútiles. La necesidad de esta plática está evidenciada por la circunstancia de que un muy crecido número de personas sufren de estreñimiento y de sus funestas consecuencias. Semejante condición es contraria a la salud y tan fácil de remediar que no se concibe cómo se la deja subsistente. La única respuesta razonable es que subsiste por ignorancia del remedio. Si logramos contribuir a extirpar esta plaga de la vida con la vuelta de las gentes a la Naturaleza, nada nos importará el disgusto de quienes prescindan de este capítulo en busca de más ameno asunto, sin percatarse de que precisamente a ellos les conviene en mayor grado su lectura.

Quienes hayan leído el capítulo en que tratamos de los órganos de la digestión recordarán que dejamos el proceso en el punto en que el organismo absorbe los alimentos situados en el intestino delgado. Ahora vamos a considerar qué es de las materias sobrantes o inútiles después de haber tomado el organismo de los alimentos las substancias nutritivas que necesitaba para su manutención.

Conviene advertir que quienes coman según el método yoguístico expuesto en anteriores capítulos tendrán mucho menos desechos que la mayoría de las gentes cuyo alimento pasa al estómago sin la debida preparación, y por lo mismo desperdician casi la mitad de lo que ingieren.

Para comprender nuestro tema es necesario examinar los órganos con él relacionados, y especialmente el sector del intestino grueso llamado colon, que mide cosa de metro y medio de longitud y a continuación del sector llamado ciego sube por el lado derecho del abdomen (colon ascendente), atraviesa el abdomen por encima de la madeja formada por el intestino delgado (colon transverso) y baja por el lado izquierdo del abdomen (colon descendente), donde hace una curva llamada flexión sigmoidea, poco antes de adelgazarse en el sector llamado recto, por cuyo orificio anal salen al exterior los desechos de la digestión.

El intestino delgado comunica con el ciego, primer sector del intestino grueso, por medio de la válvula íleon-cecal, dispuesta de modo que deja pasar las materias fecales del íleon al ciego, pero no las deja retroceder del ciego al íleon. Debajo de cada válvula tiene el intestino ciego un apéndice llamado vermiforme por su configuración semejante a la de un gusano.

Así vemos que el intestino grueso, especialmente en el sector colon, es a modo de cloaca por donde han de pasar los desechos de la digestión. La Naturaleza quiso que estos desechos se evacuaran fácil y rápidamente, y así es que el hombre en su estado natural, lo mismo que los animales, no demora dicha evacuación. Pero, según se va civilizando, el hombre desoye las voces de la Naturaleza, hasta que por último descuida dicho acto de la función digestiva y atiende a otros menesteres de su complicada vida.

El hombre todavía agrava tan anormal condición no sólo negándole al colon el agua necesaria, para lubricar y humedecer los desechos de modo que recorran sin dificultad su trayecto, sino que el organismo todo está tan escaso de agua que a veces absorbe la poca de que el colon pueda disponer, con el agravante de que esta agua es como si fuese sucia de cloaca y no limpia y fresca de fuente. ¡Cabe imaginar las consecuencias!

Al impedir el libre paso por el colon de los desechos de la digestión, se acarrea al hombre el estreñimiento, de que derivan multitud de enfermedades cuya verdadera causa no se puede sospechar.

Muchos individuos que evacúan diariamente están estreñidos aunque lo ignoren. Los excrementos se incrustan en las paredes del colon y permanecen allí muchos días, dejando entre ellos un pasaje por donde se mueven las deyecciones del día. Por lo tanto, el estreñimiento consiste en que el colon no está del todo limpio de excrementos incrustados y se convierte en un foco de infección del organismo, pues sus paredes son absorbentes, como lo demuestra la práctica médica al inyectar en el colon por conducto del recto substancias alimenticias que por absorción pasan a la sangre. Lo mismo sucede con los medicamentos inyectados que llegan a otras partes del cuerpo. Según ya dijimos, el organismo absorbe la porción líquida de los excrementos detenidos en el colon y con esta agua de cloaca, a falta de la pura y limpia que se le niega, que desempeña sus funciones.

Es casi increíble el tiempo que pueden permanecer los excrementos incrustados en las paredes del colon.

Casos hubo en que al limpiar el colon, salieron con los excrementos huesos de cerezas comidas algunos meses antes. Las purgas no remueven estas incrustaciones, pues su efecto se contrae a desalojar el estómago y el intestino delgado, y pasa por el conducto dejado entre las incrustaciones. En algunos casos estas incrustaciones son duras como piedra, de modo que llegan a hinchar y endurecer el abdomen del individuo. A veces, además de duras son tan fétidas que se crían en ellas gusanos y larvas de insectos que desovan después en los excrementos.

Cuando los desechos de la digestión pasan del íleon al ciego y de este sector al colon, son de consistencia pastosa, de modo que si el colon está limpio pasan expeditamente impelidos por el natural movimiento peristáltico del intestino en estado algo más sólido y de color amarillento claro. Pero si permanecen mucho tiempo los excrementos en el colon, se endurecen, se secan y se obscurece el color. De aquí el perjuicio derivado de aguantarse y diferir las evacuaciones, pues entonces el movimiento intestinal es perezoso y sólo expele una porción de desechos, quedando el resto adherido a las paredes del colon. Al día siguiente se adhiere nueva porción, y así sucesivamente hasta que se manifiesta el estreñimiento crónico con todas sus morbosas consecuencias, tales como dispepsia, biliosidad, trastornos hepáticos y nefríticos, pues en rigor gran número de enfermedades y la mitad de las de la mujer provienen de dicha anormal condición del colon.

La absorción de la parte líquida de los excrementos detenidos en el colon reconoce una de dos causas:

1. La necesidad de agua en el organismo.
2. El esfuerzo que hace la Naturaleza para eliminar los desechos por la piel, los riñones y el aparato respiratorio.

La transpiración maloliente y la fetidez del aliento provienen muchas veces del esfuerzo del organismo en desprenderse de lo que debió evacuarse por el colon, porque el organismo reconoce el grave peligro de mantener los excrementos en el intestino, y así recurre al desesperado extremo de eliminarlos por otros conductos, aun a riesgo de parcial intoxicación.

La mejor prueba de que gran número de enfermedades provienen del anormal estado del colon consiste en que cuando se remedia este estado se alivian ciertos males que al parecer no tienen relación con él. Además, mayores probabilidades hay de contraer enfermedades infecciosas como el tifus, cuanto más se descuida la limpieza del colon, y se lo deja convertir en un foco de gérmenes morbosos. Quien mantiene en saludable estado los intestinos y especialmente el colon muy poco riesgo tiene de contraer enfermedades infecciosas. No hay más que suponer lo que ha de resultar cuando llevamos dentro una cloaca llena de inmundicias, pues si la falta de higiene exterior ocasiona enfermedades, ¿no las ha de ocasionar la falta de higiene interna?

Aunque podríamos llenar centenares de páginas con todavía más robustas consideraciones sobre el asunto, basta lo dicho para llamar la atención hacia la sede de muchos trastornos fisiológicos y que el lector pregunte:

«Muy bien; creo que todo eso es verdad y que explica cuantos trastornos he sufrido; ¿pero qué debo hacer para eliminar esta impura condición y recobrar y mantener la normal salud?»

A esto respondemos:

«Ante todo es indispensable expulsar las acumulaciones excrementicias y después obedecer la leyes naturales de la vida fisiológica para conservar la salud. Trataremos de exponer el modo de realizar ambos propósitos.»

Si el colon sólo tiene ligeras incrustaciones excrementicias, se podrán eliminar por medio de la irrigación intestinal, del estímulo de los movimientos peristálticos y de la excitación de la inteligencia de las células del estómago, según más adelante veremos. Pero como la mayoría de las gentes tienen el colon lleno de compactas, duras y ya crónicas incrustaciones excrementicias, de color verdoso, necesitan un remedio más radical.

El retorno a la Naturaleza

Comoquiera que contrajeron este trastorno por apartarse de la Naturaleza, debemos ayudar a la Naturaleza a recobrar las perdidas condiciones a fin de que el organismo disponga en adelante de un colon limpio, para funcionar normalmente. Tomaremos ejemplo del reino animal.

Hace ya muchos siglos los indios observaron que ciertas aves del grupo de los íbidos y del orden de las zancudas, con muy largo pico, volvían de sus incursiones tierra adentro en condición enfermiza por haber comido acaso alguna baya astringente que las estriñó o quizá por falta de agua o por ambas cosas a la vez. Llegaba la agachadiza, pues tal era el ave en cuestión, a orillas de los ríos, de los lagos o de los estanques en muy morboso estado y tan débil que apenas podía volar. Pero el ave sorbía con el pico y se llenaba el buche de agua, con la que inmediatamente se administraba una lavativa introduciéndose el pico en el recto por el ano, y daba con ello señales de haber aliviado su mal. Repetía varias veces la agachadiza dicha operación, hasta que vaciados completamente los intestinos, descansaba un rato para restaurar su vitalidad y después emprendía el vuelo tan activa como siempre.

Los jefes y sacerdotes de las tribus, al observar la operación de la agachadiza y sus saludables efectos, reflexionaron sobre el caso y alguien sugirió la idea de que bien podía ensayarse el procedimiento en alguno de los viejos estreñidos por llevar una vida sedentaria y haberse apartado del normal método de la Naturaleza.

Al efecto construyeron una especie de jeringa de caña con un tubo de impulsión, para inyectar el agua tibia del río en los intestinos de los viejos que padecían estreñimiento. Admirables fueron los resultados, pues los sedentarios viejos recobraron la actividad de la vida y volvieron a desempeñar la jefatura de la tribu con mucha sorpresa de los jóvenes que ya los habían creído inútiles para todo.

Los ancianos de las tribus vecinas, que ya no podían andar sin apoyarse en sus hijos y nietos, al enterarse de la ocurrencia, siguieron el tratamiento y lograron andar en adelante por sus propios medios.

De los relatos que han llegado a nosotros se infiere que aquellas primitivas inyecciones debieron de ser muy enérgicas, pues se nos habla de «galones de agua», y al fin y a la postre se consideró que ya debía estar completamente limpio el colon de los hasta entonces viejos de las tribus, y en condición de no volver a ensuciar con toxinas el organismo. Sin embargo, no vamos a recomendar tan heroico tratamiento, pues no somos ancianos de tribu primitiva.

Es necesario recabar el temporáneo auxilio de la Naturaleza para la expulsión de los excrementos detenidos o incrustados en el colon.

El mejor procedimiento de evacuación es el de la agachadiza y de los ancianos de las primitivas tribus de la India, pero practicado con los perfeccionados aparatos modernos. Todo cuanto se necesita es una pera de irrigación, aunque mejor será disponer de un completo irrigador, con el que sé inyecta medio litro de agua caliente a la temperatura que pueda soportar la mano. Se retiene el enema durante cinco minutos y enseguida se evacúa. Esta operación se practica mucho mejor por la noche, y a la siguiente se administra un enema de un litro de agua a la misma temperatura. Después se deja pasar una noche y a la siguiente se administra un enema de litro y medio. Se dejan pasar dos noches y a la tercera se administra un enema de dos litros. Si el individuo retiene o aguanta estos enemas todo el tiempo que le sea posible, el agua irá reblandeciendo las incrustaciones del colon hasta arrastrarlas hacia el recto.

No se ha de considerar excesiva la cantidad de dos litros de agua, porque en el colon cabe más y hay quienes administran enemas de cuatro litros, aunque nos parece exagerado. Antes y después del enema se hace un poco de masaje abdominal, y una vez administrado se practica la respiración completa según el procedimiento yogi a fin de estimular al organismo y regular la circulación.

El resultado de los enemas no tendrá seguramente nada de estético, pero lo esencial es expulsar las inmundicias acumuladas en el colon, que suelen ser en extremo fétidas; pero por lo mismo conviene evacuarlas, pues tan fétidas son en el colon como una vez expelidas.

Hemos conocido casos en que los excrementos acumulados en el colon eran voluminosos, duros y verduscos como cobre corroído, el hedor de cuyas deposiciones bastaba para convencer del daño que había de causar su retención en el organismo. Desde luego que éste no es tema de agradable lectura; pero conviene tratarlo para dar a entender la importancia de la limpieza interna. Se observará que durante la semana en que se efectúa la limpieza del colon apenas hay movimientos naturales del intestino. Nadie se ha de preocupar de ello, porque entonces el agua está empujando los excrementos que se hubieran debido evacuar. A los dos días de limpios los intestinos se notarán los ordinarios movimientos de evacuación.

Sin embargo, no aconsejamos el continuo uso de la jeringa ni lo consideramos un hábito natural, pues una vez recobrada la normalidad del funcionamiento de los intestinos no será necesario ningún auxilio externo.

Recomendamos el enema tan sólo como una medida preliminar para la expulsión de crónicas acumulaciones, aunque no vemos inconveniente alguno en la administración de un enema cada mes para prevenir la recaída en las antiguas condiciones.

En los Estados Unidos hay varios hidrópatas que aconsejan unos y prescriben otros el enema diario; pero no podemos estar conformes con ellos porque nuestro lema es «la vuelta a la Naturaleza», y no creemos que la Naturaleza exija la enema cotidiana. Los yogis afirman que la abundancia de agua pura y fresca, el regular hábito de evacuar y la concentración del pensamiento en las funciones digestivas intestina les bastarán para resguardar al individuo de la siempre peligrosa dolencia del estreñimiento.

Después de la semana de lavaje, y aun antes, se ha de acometer el normal uso del agua en bebida según quedó expuesto en el capítulo correspondiente. Bebiendo cada día dos litros de agua se notará considerable alivio. Después conviene contraer el hábito de evacuar todos los días a la misma hora, pues aunque de momento no haya deseos de evacuar, se irá acostumbrando el organismo a la excitación que diariamente se le haga a la misma hora, pues la Naturaleza tiende a contraer hábitos.

Además, es probable que el individuo tenga necesidad de evacuar y no se dé cuenta, por haber amortiguado la capacidad receptora de los nervios sensitivos, en razón de no hacer caso de la natural excitación. Por lo tanto, hay que reeducar a los nervios en este punto, que no por lo sencillo se ha de desdeñar, porque es eficaz.

También echará de ver el individuo cuan ventajosa es la autosugestión si mientras vaya sorbiendo el agua de un vaso, dice:

Bebo esta agua con objeto de proporcionar a mi organismo el líquido que necesita, para que mis intestinos se muevan normal y regularmente, según ley de la Naturaleza.

Si el individuo piensa intensamente en lo que desea realizar, no tardará en obtener el apetecido resultado.

Desde luego que la idea de concentrar el pensamiento en los intestinos y hablarles como si fueran una persona le parecerá absurda a quien desconozca la filosofía que entraña. De esta filosofía hablaremos en otro capítulo, y ahora expondremos el procedimiento, que consiste, aunque de pronto parezca ridículo, en dar suaves golpecitos en el abdomen, siguiendo la dirección del colon, y decirle como si con él se hablase:

Te he hecho un buen lavaje y te he limpiado. Te doy cuanta agua necesitas para funcionar normalmente y me afirmo en el hábito de darte ocasión de realizar tu obra. Ahora a ti te corresponde realizarla.

Esta última frase se repite varias veces golpeando suavemente los puntos del abdomen por donde pasa el colon, y, en efecto, el colon realizará cumplidamente sus funciones. De seguro parecerá esto juego de chiquillos, pero se comprenderá su sentido al leer el capítulo sobre la regulación involuntaria. Es un sencillo medio de realizar un hecho científico y poner en ejercicio una real modalidad de la fuerza vital.

El citado consejo será igualmente valioso para los que sufran o no de estreñimiento, pues devolverá el color sonrosado a las mejillas, la hermosura al cutis, desaparecerán el color cetrino, la saburra de lengua, la fetidez del aliento, los trastornos hepáticos y demás dolencias derivadas del embotamiento del colon con materias inmundas que empozoñaban fétidamente el organismo.

Quien adopte y practique este plan empezará a gozar de la vida y a tener cabal salud. Brindemos con vasos llenos de clara y fresca agua diciendo: «Aquí está la salud en plena abundancia.» Y al bebería lentamente digamos: «Esta agua me dará salud y vigor. Es el tónico de la Naturaleza.»

Pero necesario es que estas palabras no sean voces repetidas de memoria, a manera de papagayo, sino que se han de pronunciar con sincera unción religiosa, como vehículos y manifestaciones fonéticas del pensamiento, cuya virtud es la que realmente da eficacia a la expresión.

14
RESPIRACIÓN YOGI

La vida depende absolutamente de la respiración: «El Aliento es Vida.»

Aunque los orientales difieren de los occidentales en cuanto a pormenores teóricos y usen distinta terminología, unos y otros coinciden en los principios fundamentales.

Respirar es vivir, y sin aliento no hay vida. No solamente la vida y la salud de los animales superiores dependen de la respiración, sino que también están en análoga dependencia las formas animales inferiores y todo el reino vegetal. Al nacer el niño inspira profundamente el aire, lo retiene por un momento para extraer la energía vital, exhala después un débil vagido y comienza a vivir en este mundo. El anciano da un débil gemido, cesa de respirar y muere. Desde el primer vagido del infante hasta el último suspiro del anciano se sucede una continua serie de respiraciones.

La ciencia yoguística de la respiración

En rigor la función respiratoria es la más importante del organismo porque de ella dependen todas las demás. Puede vivir el hombre algún tiempo sin comer, algo menos tiempo sin beber, pero sólo muy pocos minutos sin respirar.

No solamente de la respiración depende la vida del hombre, sino que de los buenos hábitos de respiración depende la persistencia de su vitalidad y el verse libre de enfermedades. El inteligente régimen de la respiración alargará nuestros días sobre la tierra al acrecentar nuestra vitalidad y nuestra fuerza de resistencia, mientras que, por el contrario, la ignorancia o el desdén respecto de la respiración acortará la vida por menoscabo de la vitalidad con riesgo abierto a las enfermedades.

El hombre en su estado normal no necesita que nadie le enseñe a respirar. Como el animal y el niño recién nacido, respira propia y naturalmente; pero la civilización lo ha pervertido en este y otros aspectos. Ha adoptado erróneos procedimientos y actitudes de andar, estar de pie y sentarse que lo han despojado del natural derecho congénito del saludable respirar. Ha pagado carísima su civilización. Hoy día el salvaje respira naturalmente, a no ser que imite costumbres del hombre civilizado.

Muy corto es el tanto por ciento de hombres civilizados que respiran correctamente, y así vemos multitud de pechos hundidos, espaldas encorvadas y el terrible incremento de las enfermedades del aparato respiratorio, entre las que siniestramente sobresale la estragadora tuberculosis.

Eminentes autoridades afirman que una sola generación de correctos respiradores regeneraría a la humanidad y que entonces las enfermedades serían una curiosa rareza.

Tanto desde el punto de vista oriental como del occidental es evidente la relación que existe entre la salud y la correcta respiración.

Las enseñanzas occidentales muestran que la salud física depende muy materialmente de la correcta respiración. Los instructores orientales no sólo convienen en esto con los occidentales, sino que afirman que además de la salud física puede el hombre, por el conocimiento y práctica de la ciencia de la respiración, acrecer sus facultades intelectuales, agudizar sus sentidos y estimular su perfeccionamiento espiritual.

La ciencia de la respiración ha servido de base a escuelas enteras de filosofía oriental, y cuando los países occidentales pongan en práctica dicha ciencia, pues en la práctica está su eficacia, obrará maravillas. La teoría de Oriente concretada en la práctica de Occidente producirá valiosa progenie.

Por lo tanto, trataremos de la ciencia yoguística de la respiración, que, además de lo conocido por los fisiólogos e higienistas occidentales, incluye el aspecto oculto de dicha ciencia, pues no sólo traza el camino de la salud corporal según lo que los, científicos occidentales llaman respiración profunda, sino que presenta menos conocidas fases de la ciencia de la respiración.

El yogi practica ejercicios que le allegan el dominio de su cuerpo y lo capacitan para enviar a cualquier órgano fisiológico un flujo de energía vital o prana con propósito de vigorizarlo. Sabe el yogi todo cuanto el científico occidental expone acerca de los fisiológicos efectos de la correcta respiración, pero también sabe que el aire contiene algo más que oxígeno, nitrógeno y argo, y que la función respiratoria va más allá de la oxigenación de la sangre. Conoce el yogi algo sobre el prana que el occidental ignora y está bien enterado de la índole y manera de actuar de dicho capital, el principio de energía del hombre. Sabe el yogi que por la respiración rítmica puede ponerse en armonía vibratoria con la Naturaleza y estimular la actualización de sus latentes poderes. Sabe que rigiendo la respiración, puede curar toda enfermedad en sí mismo y en los demás, y desechar el temor, el tedio y las groseras emociones.

Al considerar la respiración hemos de comenzar por el conocimiento de su mecanismo funcional, que se manifiesta:

1. Por el movimiento elástico de los pulmones.
2. Por el movimiento del tórax, en que están contenidos los pulmones.

Es el tórax la parte del cuerpo comprendida entre el cuello y el abdomen, ocupada principalmente por los pulmones y el corazón. El tórax, que también se llama cavidad torácica, está limitado por la columna vertebral, las costillas, el esternón y el diafragma. Se le llama vulgarmente pecho, y se ha comparado con una cónica caja cerrada con el vértice hacia arriba, y la parte posterior, formada por la columna vertebral; la anterior o delantera, por el esternón, y las laterales por las costillas.

Cuenta el esqueleto óseo del hombre veinticuatro costillas, doce por lado, que arrancan de la columna vertebral. Los siete pares superiores se llaman «costillas verdaderas» y están directamente enlazadas con el esternón, mientras que los cinco pares inferiores se llaman «costillas falsas» o «flotantes», porque no estar, enlazadas con el esternón, sino que los dos primeros pares están unidos por cartílagos a las demás costillas, y los restantes carecen de cartílagos y tienen libres sus extremos.

Durante la respiración mueven las costillas los músculos intercostales. El diafragma separa la cavidad torácica de la abdominal.

En el acto de la inspiración los músculos expanden los pulmones, de modo que se establece un vacío y el aire penetra por la acción de la gravedad. En el mecanismo de la respiración todo depende de los músculos que en esta función intervienen, por lo que pudieran llamarse músculos respiratorios. Sin el auxilio de estos músculos no pueden expandirse los pulmones, y del gobierno y regulación de estos músculos depende en gran parte la ciencia de la respiración. El acertado gobierno de dichos músculos consiste en obtener el mayor grado posible de elasticidad de los pulmones para proporcionar al organismo la mayor suma posible de la vital propiedad del aire.

Los yogis clasifican la respiración en cuatro procedimientos generales, a saber:

1. Respiración alta.
2. Respiración media.
3. Respiración baja.
4. Respiración completa.

Daremos una idea general de los tres primeros métodos y un más extenso informe del cuarto, en el que se funda mayormente la ciencia yoguística de la respiración.

Respiración alta

Los occidentales llaman a este procedimiento respiración clavicular. Cuando de este modo se respira se levantan las costillas y se bajan los hombros, al propio tiempo que se alza el abdomen, cuyo contenido se oprime contra el diafragma, que por tanto también se levanta.

El estudio de la anatomía del tórax convencerá de que en este procedimiento respiratorio se ha de hacer un esfuerzo máximo para allegar el mínimo de provecho.

La respiración alta es probablemente el peor procedimiento, pues requiere mucho consumo de energía con el mínimo de beneficio; y no obstante, es el más usado en los países occidentales, aun por cantantes, clérigos, abogados y oradores que debieran conocer algún otro mejor.

Muchas enfermedades de los órganos vocales y del aparato respiratorio pueden achacarse a este bárbaro modo de respirar, y la tensión a que somete a órganos tan delicados da por consecuencia el desagradable timbre de voz. Muchas personas que respiran según el indicado procedimiento acaban por acostumbrarse a respirar por la boca.

Si alguien dudase de lo expuesto, no tiene más que exhalar el aire de los pulmones, ponerse después derecho y con las manos en los costados, levantar los hombros e inspirar el aliento. Comprobará que la cantidad de aire inhalado es muy superior al normal. Pero después que baje los hombros e inspire el aire recibirá una lección práctica de respiración mucho más eficaz y duradera que cuanto pudiere leer en libros impresos.

Respiración media

Este procedimiento se llama en Occidente respiración intercostal, y, aunque no de tan malas consecuencias como la respiración alta, es muy inferior a las respiraciones baja y completa. En la respiración media se levanta el diafragma y, por tanto, también el abdomen. Se levantan un poco las costillas y se ensancha parcialmente el pecho. Es la respiración usual de quienes no han estudiado este asunto. Como quiera que hay dos procedimientos mejores, sólo damos de éste breve noticia, y aún para señalar sus defectos.

Respiración baja

Este procedimiento de respiración es mucho mejor que cualquiera de los dos precedentes, y en estos últimos años muchos escritores occidentales han ponderado sus ventajas y lo han expuesto con los nombres de respiración abdominal, respiración profunda, respiración diafragmática, etc., resultando de ello mucho beneficio porque la atención pública se concentró en este asunto, y no pocos se resolvieron a adoptar este procedimiento en substitución de los perjudiciales a que hemos aludido. Diversas variaciones de este procedimiento se han anunciado como si fuesen nuevos «sistemas» que seudoprofesores enseñaban a muy altos precios. Sin embargo, no perdieron el dinero quienes aprovecharon las lecciones y repudiaron los viejos procedimientos.

Aunque muchas autoridades occidentales encomian la respiración baja diciendo que es el mejor procedimiento, los yogis saben que no es más que una parte del usado por ellos durante largos siglos, al que llaman respiración completa.

Antes de comprender la idea de esta respiración completa es necesario tratar de los principios de la baja respiración.

Ya vimos que el diafragma es un voluminoso músculo que separa el tórax del abdomen. En reposo tiene figura de superficie cóncava respecto del abdomen y convexa respecto del tórax, es.decir, que visto el diafragma desde el abdomen es cóncavo como la bóveda celeste. El diafragma en actividad se mueve hacia abajo y oprime suavemente los órganos abdominales.

En la respiración baja, los pulmones se dilatan mucho más libremente que en los dos procedimientos enumerados y por tanto se inspira mayor volumen de aire. Así es que la mayoría de los autores occidentales consideran la respiración baja, a la que llaman respiración abdominal, como el mejor procedimiento respiratorio que conoce la ciencia. Pero los yogis practican desde hace tiempo otro más ventajoso, según reconocen algunos autores occidentales. El inconveniente de todos los procedimientos de respiración, excepto el de respiración completa, es que ninguno de ellos llena enteramente de aire los pulmones sino tan sólo una parte, aun tratándose de la respiración baja. La respiración alta sólo llena de aire la porción superior de los pulmones; la media sólo alcanza hasta la mitad superior de los pulmones y la baja se reduce a llenar las porciones inferior y media. Es evidente que debe preferirse el procedimiento que llene por entero los pulmones, pues así permitirá inhalar el mayor volumen posible de oxígeno y la mayor cantidad de prana. Por lo tanto, la respiración completa es para los yogis el mejor procedimiento respiratorio que conoce la ciencia.

Respiración completa

Abarca este procedimiento todas las ventajas de los otros tres, sin ninguno de sus inconvenientes. Pone en acción todo el aparato respiratorio, con sus pulmones, músculos y alvéolos que responden al procedimiento cuyo resultado es el máximo de provecho con el menor esfuerzo. La cavidad torácica se ensancha hasta su extremo límite en todas direcciones y cada órgano desempeña su natural función.

Una de las más importantes características de la respiración completa es que los músculos respiratorios entran en plena acción, mientras que en los demás procedimientos sólo funcionan parte de dichos músculos.

En la respiración completa intervienen activamente entre otros músculos los que rigen las costillas y aumentan la capacidad torácica y prestan a los órganos el necesario sostén, como si la Naturaleza se valiera de las leyes mecánicas de la palanca, pues unos músculos mantienen en firme posición las costillas inferiores, mientras que otros músculos las inclinan hacia adelante, determinando de esta suerte el normal movimiento de la caja torácica.

También está en este método el diafragma perfectamente regido y es capaz de desempeñar su función con toda exactitud y máxima eficiencia. Las costillas inferiores están regidas por el diafragma, que las mueve ligeramente hacia abajo, mientras que otros músculos las mantienen en su sitio, y los intercostales las impelen hacia arriba, resultando de esta combinada acción que la parte media de la cavidad torácica se ensancha cuanto puede. Además de esta acción muscular, los músculos intercostales levantan y empujan hacia adelante las costillas superiores, con lo que se ensancha todo lo posible la capacidad de la parte superior del tórax.

Estudiadas las características de los cuatro procedimientos de respiración, se advierte, desde luego, que el de respiración completa abarca todas las ventajas de los otros tres métodos, y además las respectivas ventajas dimanantes de la combinada acción de las tres porciones alta, media e inferior del tórax, de que resulta el ritmo normal.

La respiración completa es el fundamento de la ciencia de la respiración, y es preciso comprenderla perfectamente si se quiere allegar provecho de los demás procedimientos de respiración que hemos expuesto. No basta aprender superficialmente el procedimiento de la respiración completa. Se ha de persistir en el estudio hasta que llegue a ser el natural procedimiento de respiración. Esto requiere trabajo, tiempo y paciencia; pero sin estas condiciones nunca se puede hacer nada de provecho.

No hay atajo que conduzca al dominio de la ciencia de la respiración, y es necesario estudiar con ahínco y practicar con perseverancia para obtener provechosos resultados, pues grandes son los que allega el completo dominio de la ciencia de la respiración, de suerte que ninguno de quienes los obtuvieron volvió a los procedimientos antiguos, sino que, por el contrario, manifestó a cuantos quisieron escucharlo que se consideraba ampliamente recompensado por todos sus esfuerzos.

Decimos esto para dar a entender la importancia de dominar el procedimiento o respiración completa, en vez de pasarlo por alto y atender a otros temas expuestos más adelante en este libro. Por otra parte, cuando con acierto se acomete una empresa, seguramente serán ciertos los resultados; pero si se echan mal los cimientos, tarde o temprano se derrumbará el edificio.

Acaso el mejor método de enseñar la respiración completa será dar instrucciones respecto a la respiración en sí misma, y después de las generales observaciones relativas a esta función, exponer algunos ejercicios a propósito para vigorizar el tórax, los pulmones y los músculos que los antiguos procedimientos dejaron en mala condición. El procedimiento de la respiración completa no tiene nada de forzado ni anormal, sino, por el contrario, significa un retorno al cumplimiento de las leyes de la Naturaleza.

El salvaje adulto y el niño civilizado respiran naturalmente cuando sanos; pero el adulto civilizado perdió su derecho de nacimiento al adoptar maneras antinaturales de vida. Además, conviene advertir que la respiración completa no exige que a cada inhalación se llenen de aire los pulmones. Lo esencial es que el aire inhalado se distribuya igualmente por todos los puntos de ambos pulmones; pero es necesario hacer diariamente cierto número de respiraciones completas, siempre que haya oportunidad, a fin de mantener en buen orden y disposición el organismo.

Los siguientes ejercicios darán clara idea de lo que es la respiración.

1. En posición de pie o sentado, pero erguido, se inspira firmemente por la nariz, llenando primero la parte inferior de los pulmones, lo cual se consigue poniendo en acción el diafragma, que al descender oprime suavemente los órganos abdominales y levanta la pared delante del abdomen. Después se llena la parte media de los pulmones, levantando las costillas inferiores, el esternón y el pecho. En seguida se llena la parte superior de los pulmones sacando afuera la parte superior del tórax, levantando el pecho con las costillas superiores. El movimiento final consiste en retraer ligeramente la parte inferior del abdomen con objeto de proporcionar sostén a los pulmones y contribuir a que se llene de aire su parte superior.

A la primera lectura parece que este ejercicio consta de tres distintos movimientos. Pero no es así. La inhalación no se interrumpe y toda la cavidad torácica, desde el diafragma hasta las clavículas, se ensancha con movimiento uniforme. Se ha de evitar la inhalación espasmódica, procurando que, por el contrario, sea uniforme y continua. La práctica no tardará en vencer la tendencia a dividir la inhalación en tres movimientos y resultará una continua y uniforme inspiración. Después de alguna práctica será posible efectuarla en un par de segundos.

2. Se retiene el aliento unos cuantos segundos o todo el tiempo que sea posible.

3. Se exhala muy lentamente el aliento, manteniendo el pecho en firme posición y levantando un poco el abdomen según salga el aliento de los pulmones. Una vez terminada la respiración, se relajan el pecho y los pulmones. La práctica facilitará esta parte del ejercicio, de modo que acabarán por ejecutarse automáticamente los movimientos.

Este procedimiento respiratorio pone en acción todo el aparato, de modo que funcionan hasta los más apartados alvéolos de los pulmones y la cavidad torácica se ensancha en todas direcciones. También se advierte que la respiración completa es en rigor una combinación de las respiraciones alta, media y baja, que se suceden rápidamente en el orden indicado y forman una respiración uniforme, continua y completa.

Muy ventajoso será efectuar dicho ejercicio ante un espejo de cuerpo entero, con las manos suavemente puestas sobre el abdomen para observar los movimientos. Al terminar la inspiración conviene levantar un poco los hombros de modo que levantadas también las clavículas llegue libremente el aire al lóbulo superior del pulmón derecho, que suele ser el asiento de la tuberculosis.

Al comenzar la práctica, se tropezará con mayor o menor dificultad para respirar completamente, pero la perseverancia en los ejercicios vencerá todas las dificultades y una vez dominada la completa respiración nadie volverá a los antiguos procedimientos.

Conviene advertir que la respiración completa requiere el también completo desembarazo de las fosas nasales, pues si estuvieran obstruidas por mucosidades sería muy difícil la cómoda práctica de la respiración.

15
Efectos de la respiración perfecta

No cabe decir gran cosa de las ventajas resultantes de la práctica de la completa respiración, ni tampoco necesitará que le digan mucho sobre ellas quien haya leído cuidadosamente las anteriores páginas, pero baste recordar que una buena respiración, al igual que una buena digestión, es una de las claves principales para la salud corporal, además de ser una de las claves para que la corriente nerviosa fluya de forma saludable.

Las ventajas de la respiración completa

La práctica de la respiración completa inmuniza contra la tuberculosis y otras enfermedades del aparato respiratorio y aleja la propensión a contraer resfríos, catarros, bronquitis, toses y demás afecciones de parecida índole.

La tuberculosis proviene principalmente del menoscabo de vitalidad dimanante de la insuficiencia del volumen de aire inspirado. El menoscabo de vitalidad deja el organismo expuesto al ataque de los gérmenes morbosos. La respiración incompleta deja inactiva gran parte de los pulmones, donde por lo tanto hacen fácil presa los bacilos que corroen los debilitados tejidos. El pulmón sano y robusto resiste el ataque de los gérmenes morbosos, y el único medio de vigorizar los pulmones es mantenerlos por entero en continua actividad.

Casi todos los tuberculosos tienen el pecho angosto y hundido, porque desde muy jóvenes se acostumbraron a los imperfectos procedimientos de respiración y por consiguiente no se les ensanchó el pecho. En cambio, los que practican la respiración completa tienen el pecho ancho y vigoroso, y los de pecho estrecho y cargados de espaldas podrían remediar este defecto con sólo adoptar la respiración completa, pues han de fortalecer el tórax si quieren conservar la vida.

Es posible resguardarse de resfriados, catarros y pulmonías mediante la práctica de la respiración completa, siempre que haya riesgos de contraer alguna de dichas dolencias. Pero si por acaso os resfriáis, respirad vigorosamente durante unos cuantos minutos y sentiréis una especie de oleada de alivio en todo el cuerpo. La mayoría de los resfriados pueden curarse por medio de la respiración completa y la abstinencia de todo alimento durante un día.

La pureza de la sangre depende mayormente de la debida oxigenación en los pulmones; pero si no se oxigena completamente, desmerece su calidad, se carga de impurezas, el organismo sufre, falto de nutrición, y a veces lo intoxican los desechos que no se han podido eliminar de la sangre. Todos los órganos del cuerpo reciben su nutrición de la sangre, de suerte que la sangre impura ha de producir muy siniestros efectos en el organismo. El remedio es sencillísimo. Consiste en la práctica de la completa respiración.

El estómago y otros órganos del aparato digestivo sufren mucho a consecuencia de la imperfecta respiración. No solamente están desnutridos por falta de oxígeno, sino que como el alimento ha de absorber oxígeno de la sangre antes de la digestión y asimilación, es evidente que la imperfecta respiración ha de perturbar las funciones fisiológicas. Y siempre que la asimilación es anormal, disminuye la nutrición del organismo, se pierde el apetito, se menoscaba el vigor del cuerpo, decrece la energía y el individuo se abate y desmorona. Todo por falta de saludable respiración.

También sufre por el mismo motivo el sistema nervioso, pues cuando la sangre no nutre suficientemente el cerebro, la medula espinal, los ganglios nerviosos y los nervios no tienen el suficiente vigor para transmitir unos y almacenar otros la corriente nerviosa. Y estarán insuficientemente nutridos estos órganos mientras los pulmones no absorban bastante oxígeno del aire.

Hay otro aspecto de este asunto. Consiste en que la corriente nerviosa o, por decirlo mejor, la energía determinante de dicha corriente disminuye por falta de completa respiración; pero ya trataremos del particular más adelante, pues por ahora nuestro propósito se limita a representar la ineficacia del sistema nervioso como conductor de la corriente vital a consecuencia de la impropia respiración.

En la práctica de la respiración completa, durante la inspiración, el diafragma se contrae y oprime suavemente el hígado, el estómago y otros órganos, de suerte que, combinado este movimiento con el rítmico de los pulmones, equivale a un ligero masaje que estimula la actividad de los órganos abdominales. Cada inspiración favorece este interno ejercicio y contribuye al normal riego sanguíneo de los órganos de la nutrición y eliminación. En los procedimientos de alta y media respiración, los órganos no reciben el beneficio de este interno masaje.

Actualmente el mundo occidental se dedica con empeño a la cultura física, lo cual es meritorio; pero en su entusiasmo no debe olvidar que la verdadera educación física no se compendia con el ejercicio muscular externo, y la respiración completa es el medio de que se vale la Naturaleza para activar los órganos internos. El diafragma es el principal instrumento de la Naturaleza para este ejercicio interno, pues al moverse pone en vibración los órganos abdominales y les da un suave masaje a cada inspiración y espiración, de modo que la sangre afluye a ellos y los tonifica. El órgano que no se ejercita acaba por atrofiarse y si los abdominales no reciben la estimulante acción del diafragma corren el riesgo de enfermar. La respiración completa imprime al diafragma su apropiado movimiento y ensancha las partes media y superior del tórax. Es completa en su acción.

Desde el punto de vista de la fisiología occidental, prescindiendo de la filosofía y ciencia de Oriente, el procedimiento de respiración completa es de vital importancia para todo el que quiera recobrar o mantener la salud.

Por su admirable sencillez, muchos lo desdeñan, mientras gastan fortunas en buscar la salud por medio de otros tratamientos. La salud llama a sus puertas y ellos no responden.

Verdaderamente, la piedra que los constructores rechazan es la genuina piedra angular del Templo de la Salud.

16 Ejercicios de respiración

Vernos a exponer tres modalidades de respiración muy comunes entre los yogis. La primera es la respiración purificadora, a cuya virtud se atribuye la extraordinaria resistencia pulmonar de los yogis, quienes generalmente terminan con la respiración purificadora todos sus ejercicios de respiración, cuyo mismo plan hemos adoptado en este libro. También describimos el ejercicio vitalizador de los nervios, transmitido durante siglos de generación en generación de yogis, sin que lo hayan podido perfeccionar los profesores occidentales de educación física, aunque algunos lo tomaron prestado de los yogis. Asimismo exponemos el ejercicio de respiración vocal del que dependen las melodiosas y vibrantes voces de los más cultos yogis. Estamos convencidos de que si este libro sólo contuviera dichos tres ejercicios tendría inestimable valor para el estudiante occidental del ocultismo.

Respiración purificadora

Cuando los yogis necesitan ventilar y limpiar los pulmones practican una favorita modalidad de respiración llamada respiración purificadora porque ventila y limpia los pulmones, estimula las células, entona los órganos respiratorios, refrigera el organismo y contribuye poderosamente a la salud general del cuerpo físico. Para oradores y cantantes será este procedimiento muy reparador cuando noten fatiga en sus órganos respiratorios:

1. Hacer una inspiración completa.
2. Retener el aire unos cuantos segundos.
3. Juntar los labios como para silbar sin abultar las mejillas y exhalar un poco de aliento con bastante ímpetu. Suspender la espiración; retener unos cuantos segundos el aliento y exhalar otro poco, repitiendo la alternada operación hasta expeler todo el aliento con bastante ímpetu.

Esta modalidad de respiración será muy reconfortante cuando el individuo esté fatigado. Cuantos hagan la prueba se convencerán de la eficacia de este ejercicio, que se ha de ensayar hasta que se practique fácil y naturalmente, pues con él terminan los demás ejercicios expuestos en este libro.

Respiración neurovitalizadora

Es un ejercicio muy conocido de los yogis, quienes lo consideran como el mejor tónico del sistema nervioso, cuya vitalidad renueva de suerte que la corriente nerviosa fluye abundantemente por todos los órganos del cuerpo.

1. De pie y erguido.
2. Efectuar una inspiración completa y retenerla.
3. Extender los brazos al frente, pero no rígidos, sino algo flojos y relajados, con sólo la energía nerviosa suficiente para mantenerlos en dicha posición.

4. Lentamente se llevan las manos hacia los hombros, contrayendo los músculos y poniendo fuerza en ellos, de modo que al llegar las manos a los hombros estén los puños tan firmemente cerrados que se note su estremecimiento.
5. Manteniendo en tensión los músculos, se mueven lentamente los puños hacia afuera y se retraen rápidamente hacia adentro (todavía tensos) y se repite varias veces este movimiento.
6. Exhalar vigorosamente por la boca.
7. Practicar la respiración purificadora.

La eficacia de este ejercicio depende mayormente de la rapidez con que se retraen los puños, de la tensión de los músculos y de la plenitud de aire en los pulmones. Se ha de ensayar para reconocer su eficacia. Es un tónico incomparable.

Respiración vocal

Es la modalidad respiratoria de que se valen los yogis para educar la voz, y así se distingue la suya por lo clara, suave, potente y armoniosa, con maravilloso poder atrayente como de trompeta. Han practicado los yogis este ejercicio, cuyo efecto ha sido darles una voz suave, hermosa y flexible, con indescriptible facultad de modulación acompañada de avasalladora potencia. El ejercicio que a continuación exponemos impartirá las enumeradas cualidades a la voz de quienes fielmente lo practiquen. Sin embargo, conviene advertir que esta modalidad respiratoria sólo se ha de practicar como ocasional ejercicio y no como un regular procedimiento de respiración.

1. Hacer muy lenta pero vigorosamente una inspiración completa por la nariz, tardando tanto tiempo como sea posible en la inhalación.
2. Retener el aliento unos cuantos segundos.
3. Espirar de un solo y muy vigoroso golpe todo el aire por la boca completamente abierta.
4. Practicar la respiración purificadora.

Sin detenernos en las teorías yoguísticas acerca de la fonética y de la conversación y el canto, diremos que los yogis saben por experiencia que el timbre, intensidad y tono de la voz no dependen únicamente de los órganos vocales, sino también de los músculos del rostro que en ello influyen poderosamente. Algunos individuos de muy robusto pecho tienen una voz de ingrato tono, mientras que otros de tórax relativamente estrecho tienen un potente y agradable tono de voz.

Un muy interesante experimento consiste en colocarse ante un espejo de cuerpo entero, arrugar los labios y silbar, observando entretanto la forma que ha tomado la boca y la expresión general del rostro. Después se habla o se canta, según la costumbre, y se nota la diferencia entre ambos aspectos o expresiones. En seguida se vuelve a silbar durante pocos segúndos, y sin alterar la posición de los labios ni la expresión del rostro se cantan unas cuantas notas y será dable oír el vibrante, claro, intenso y hermoso tono de la voz.

Vigorizar los aparatos respiratorio y vocal

A continuación describimos los siete ejercicios que practican los yogis para vigorizar los aparatos respiratorio y vocal. Son tan sencillos como eficaces. No por lo sencillo se han de desdeñar, pues resultan de la dilatada experiencia de los yogis y son esencia de numerosos y complica los ejercicios cuyos innecesarios pormenores se eliminaron, dejando tan sólo las características esenciales.

I. Respiración retenida

Es un importante ejercicio que contribuye a desarrollar y fortalecer los músculos respiratorios y los pulmones y a ensanchar el pecho. Los yogis han comprobado que la ocasional retención del aliento después de la inspiración completa no sólo es beneficiosa para el aparato respiratorio, sino también para el digestivo, para el sistema nervioso y aun para la misma sangre. Saben los yogis que la retención eventual del aire inspirado purifica el remanente de anteriores inspiraciones, oxigena más completamente la sangre y atrae gran número de desechos para expelerlos al espirar, de suerte que se limpian los pulmones como con una purga los intestinos. Recomiendan los yogis este ejercicio para remediar varios trastornos del estómago, hígado y de la sangre, así como también suele curar el mal aliento que a veces proviene de la escasa ventilación de los pulmones. Vale la pena ensayar atentamente ese ejercicio, porque es muy eficaz. Las siguientes instrucciones dan clara idea de este ejercicio:

1. De pie y erguido.
2. Hacer una inspiración completa.
3. Retener el aire inspirado tanto tiempo como se pueda.
4. Exhalar vigorosamente por la boca abierta.
5. Practicar la respiración purificadora.

Al principio sólo será posible retener el aliento muy corto tiempo, pero con la práctica irá aumentando el tiempo de retención. Conviene consultar al efecto con el reloj.

II. Estimulación de los alvéolos

Este ejercicio tiene por objeto estimular los alvéolos pulmonares, llamados también células de aire; pero los principiantes no lo han de exagerar ni tomarlo apasionadamente. Algunos pueden experimentar un ligero vahído después de los primeros ensayos. En tal caso se suspende el ejercicio y se da un corto paseo al aire libre.

1. De pie, erguido, con las manos a los costados.
2. Inspirar muy lenta y gradualmente.
3. Mientras se inspira, golpear ligeramente el pecho con la punta de los dedos, cambiando continuamente el sitio de percusión.
4. Una vez llenos los pulmones, retener el aliento.y pasar suavemente la palma de las manos por el pecho.
5. Practicar la respiración purificadora.

Este ejercicio es un excelente estimulante y un eficaz tónico para todo el cuerpo. Los yogis lo conocen perfectamente. Muchos alvéolos de los pulmones se atrofian o poco menos, pues permanecen inactivos a causa de la incompleta respiración. Por supuesto que a quien desde hace muchos años tenga inactivo gran número de alvéolos pulmonares, no le será tan fácil estimularlos por medio de la respiración completa; pero el ejercicio contribuirá al definitivo y provechoso resultado, por lo que merece estudio y práctica.

III. Expansión del costillaje

Dijimos que hay costillas sostenidas por cartílagos, susceptibles de expansión. En la respiración normal desempeñan importante parte las costillas y conviene someterlas de cuando en cuando a ejercicio para conservar su elasticidad. Cuando el individuo está de pie o se sienta en defectuosa actitud, como es costumbre en los países occidentales, hay riesgo de que las costillas pierdan su elasticidad, y este ejercicio remediará tal inconveniente.

1. De pie y erguido.
2. Colocar las manos a los costados del cuerpo, tan cerca como sea posible de los sobacos, con los pulgares hacia la espalda, las palmas en el costado del tórax, y los dedos hacia el frente, sobre el pecho.
3. Efectuar una completa inspiración.
4. Retener el aire unos cuantos segundos.
5. Oprimir suavemente los costados al mismo tiempo que se espira lentamente.
6. Practicar la respiración purificadora.

No abusar de este ejercicio.

IV. Expansión del pecho

El pecho es susceptible de contraerse cuando el individuo se inclina sobre la tarea que está efectuando.

Este ejercicio es muy a propósito para restablecer las condiciones normales y ensanchar el pecho.

1. De pie y erguido.
2. Efectuar una inspiración completa.
3. Retener el aire.
4. Extender ambos brazos hacia adelante con los puños al nivel de los hombros.
5. Retraer los brazos vigorosamente y colocarlos extendidos a uno y otro lado de los hombros.
6. Volver a colocar los brazos en posición 4 y retraerlos a la posición 5, repitiendo varias veces estos dos movimientos.
7. Exhalar vigorosamente por la boca:
8. Practicar la respiración purificadora.

Este ejercicio se ha de practicar con moderación.

V. Ejercicio deambulante

1. Andar con la cabeza alta, la barbilla ligeramente recogida, los hombros hacia atrás y el paso mesurado.
2. Efectuar una inspiración completa, contando mentalmente desde 1 hasta 8, un número cada paso, de modo que la inspiración abarque todo el tiempo en dar los ocho pasos y contar los ocho números.
3. Espirar lentamente por la nariz mientras se cuenta de 1 a 8, un número a cada paso.
4. Retener el aliento, sin dejar de andar y contando mentalmente de 1 a 8 un número a cada paso.
5. Repetir los tiempos de este ejercicio hasta que se principie a notar fatiga. Se descansa un rato y se reanuda el ejercicio cuando plazca, varias veces al día.

Algunos yogis varían este ejercicio reteniendo el aliento mientras cuentan de 1 a 4 y después exhalan durante 5 a 8. Se puede adoptar la modalidad que más convenga.

VI. Ejercicio matinal

1. De pie en actitud militar, alta la cabeza, vista al frente, hombros atrás, piernas rígidas y manos en los costados.
2. Levantar lentamente el cuerpo sobre la punta de los pies mientras se hace una vigorosa y lenta inspiración.
3. Retener el aliento unos cuantos segundos sin mudar de posición.
4. Volver lentamente a la posición de a pie firme y exhalar de paso el aliento por la nariz.
5. Repetir varias veces el ejercicio, levantando alternativamente el cuerpo sobre la pierna derecha e izquierda.

VII. Estímulo de la circulación

1. De pie y erguido.
2. Hacer inspiración completa y retenerla.
3. Inclinarse ligeramente hacia adelante para agarrar con firmeza un bastón, y aumentar en forma gradual el esfuerzo.
4. Aflojar la presa del bastón, volver a colocarse de pie y erguido y exhalar lentamente el aliento.
5. Repetir varias veces el ejercicio.
6. Practicar la respiración purificadora.

No hay necesidad de disponer de un bastón material, pues lo importante es el ademán y el esfuerzo necesario para agarrar el bastón, que por lo tanto puede ser imaginario.

Fste eiercicio es muy eficaz para estimular la circulación de modo que la sangre arterial llegue a las extremidades y afluya sangre venosa al corazón y los pulmones pare.que el oxígeno inhalado con el aire la convierta en arterial. A veces la circulación es tan deficiente que no hay bastante sangre con reladón al oxígeno inhalado en el acto de la inspiración. En estos casos conviene el ejercicio que acabamos de describir, alternado con el procedimiento de la completa respiración.

17
Nariz contra boca

Una de las primeras lecciones de la ciencia de la respiración enseña a respirar siempre por la nariz y vencer la mala costumbre de respirar por la boca.

El aparato respiratorio del hombre lo faculta para respirar indistintamente por la nariz y por la boca; pero es de vital importancia el procedimiento que ha de seguir, pues la respiración nasal da salud y fuerza y la bucal ocasiona flaqueza y enfermedad.

No sería necesario advertir que el mejor procedimiento de respiración es el de por la nariz; pero, desgraciadamente, es asombrosa la ignorancia que sobre este punto predomina entre los occidentales, pues por doquier vemos quienes habitualmente respiran por la boca y permiten que sus hijos respiren de tan perjudicial manera.

La respiración bucal

Muchas de las enfermedades a que está sujeto el hombre civilizado provienen indudablemente de la ordinaria costumbre de respirar por la boca. Los niños a quienes se les consiente respirar de este modo crecen con menoscabada vitalidad y débil complexión, de suerte que cuando mayores se les quebranta la salud y padecen alguna enfermedad orgánica. La madre se porta mucho mejor, guiada por su intuición, pues parece como si conociera instintivamente que las fosas nasales son los conductos más a propósito para que el aire llegue a los pulmones, y así enseña a su hijo a cerrar la boca y respirar por la nariz. Cuando duerme el niño salvaje, acude solícita la madre a cerrarle la boca por si acaso al dormir la dejó abierta, y no tiene así otro remedio que respirar por la nariz. Si las madres civilizadas se portasen de la misma manera, prestarían con ello un gran beneficio a la humanidad.

Muchas enfermedades contagiosas se contraen por el vicioso hábito de respirar por la boca y a la misma causa se atribuyen muchos resfriados y catarros. Hay quienes por el buen parecer andan todo el día con la boca cerrada y sin embargo duermen con la boca abierta, y suelen enfermar.

Cuidadosos experimentos científicos han demostrado que los soldados y marineros que duermen con la boca abierta están mucho más expuestos a contraer enfermedades infecciosas que quienes respiran debidamente por la nariz. Se refiere el caso de una epidemia de viruela sobrevenida en un buque extranjero, de la que murieron varios soldados y marineros de los que dormían con la boca abierta, y ninguno de los que respiraban por la nariz.

Los órganos de la respiración tienen en la nariz una especie de filtro, colador o recogedor de polvos; pero cuando se respira por la boca nada hay que tamice el aire en su camino a los pulmones ni que detenga el polvo u otras materias extrañas. Desde la boca a los pulmones tienen vía libre las impurezas y carece de protección el aparato respiratorio. Además, la respiración por la boca deja entrar el aire frío, que perjudica a los órganos cuya inflamación proviene muchas veces, sobre todo en invierno, de la frialdad del aire inspirado por la boca. Quien duerme con la boca abierta se levanta por la mañana con el paladar apergaminado y la garganta reseca. Quebranta una ley natural y siembra las semillas de la enfermedad.

Los órganos de la respiración tienen en la nariz una especie de filtro, colador o recogedor de polvos.

Recordemos una vez más que la boca no protege al aparato respiratorio contra el polvo, los gérmenes morbosos y el aire frío, mientras que los conductos nasales impiden la entrada de toda clase de impurezas.

La respiración nasal

La nariz consta de dos estrechos y tortuosos conductos con numerosos pelos cerdosos que retienen las impurezas del aire expulsadas en el acto de la espiración. Además, el aire exterior se calienta al pasar por los conductos nasales, que están recubiertos de una membrana mucosa a cuyo contacto se calienta el aire, de modo que no puede dañar la garganta ni los pulmones. De aquí la conveniencia de no respirar por la boca, sobre todo en invierno.

Ningún animal, excepto el hombre, duerme con la boca abierta ni respira por la boca, y en verdad cabe afirmar que únicamente el hombre civilizado pervierte de tal modo las funciones naturales, pues los salvajes y las razas incultas respiran correctamente. Es muy probable que la defectuosa respiración provenga de los hábitos de vida contrarios a la Naturaleza, con sus enervantes lujos y molicies.

El filtro de los conductos nasales purifica el aire inspirado de modo que no perjudique la garganta ni los bronquios ni los pulmones, pues retiene las impurezas que se expelen en el acto de la espiración; pero si por acaso se acumularon demasiado rápidamente las impurezas o traspusieron el filtro, el organismo nos protege mediante un violento estornudo que expulsa a los intrusos.

Cuando el aire penetra en los pulmones por los conductos nasales es tan diferente del aire exterior como el agua destilada es diferente de la de pozo. La purificadora acción del filtro nasal que detiene las impurezas del aire es tan importante como la acción de la boca al detener los huesos de las aceitunas y cerezas y las espinas de los pescados, para que no pasen al estómago. El hombre no debe respirar por la boca, de la propia suerte que no intentará comer por la nariz, pues cada órgano tiene señaladas sus respectivas funciones.

Los conductos nasales se obstruyen por falta de uso y quedan expuestos a varias enfermedades y se llenan de suciedades e impurezas, a manera de abandonados caminos o campos yermos, que con el tiempo se cubren de escombros y maleza.

Quien habitualmente respira por la nariz no corre el riesgo de que se le obstruyan los conductos nasales; mas, en provecho de quienes se inclinan a respirar por la boca y que desean seguir el natural y saludable método de la respiración, no estará de más decir algo respecto a la manera de mantener limpios y expeditos los conductos nasales.

Un procedimiento muy usado por los orientales consiste en aspirar un poco de agua por las narices, de modo que pase a la garganta y se arroje enseguida por la boca. Algunos yogis se sumergen el rostro en una palangana llena de agua; pero este procedimiento requiere considerable práctica. El primeramente mencionado es más fácil y tiene la misma eficacia.

Otro buen procedimiento es respirar libremente ante la ventana abierta o en pleno aire, tapándose con el dedo una ventanilla de la nariz mientras se inspira con la otra, y repetir alternativamente varias veces este ejercicio que despejará los conductos nasales.

18
LAS INFINITESIMALES VIDAS DEL CUERPO

Enseña la Yoga Hatha que el cuerpo físico está constituido por células, cada una de las cuales contiene una «vida» infinitesimal que regula su acción. Estas vidas son en rigor chispitas de inteligencia en cierto grado de evocación que capacitan a las células para realizar cumplidamente su tarea, pero subordinadas a la mente del hombre y obedientes a las órdenes que consciente o inconscientemente les transmite. La inteligencia celular denota perfecta adaptación a su particular obra. Ejemplo de dicha inteligencia es la seleccionadora acción de las células que extraen de la sangre los necesarios materiales nutritivos y rechazan los inútiles o superfluos. Las funciones de nutrición demuestran la inteligencia de las células, ya en cada una de por sí, ya colectivamente en grupos.

La vida de las células

La cicatrización de las heridas, la concentración de los leucocitos, linfocitos, fagocitos y células gigantes en los puntos donde es necesaria su acción, y otros ejemplos conocidos de los investigadores, convencen al yogi de la existencia de la vida en cada átomo de materia, como ser viviente con vida propia. Los átomos se combinan en grupos para determinado fin, y cada grupo manifiesta una inteligencia grupal mientras subsiste como grupo. A su vez los grupos se combinan en formas más o menos complejas que sirven de vehículo a centros de conciencia.

Cuando muere el cuerpo físico, las células se disgregan y dispersan, y sobreviene la corrupción o desintegración, porque se retrae la fuerza que había mantenido agrupadas las células, que entonces se resuelven en sus elementos componentes, los cuales van a formar nuevas combinaciones y otras células que pueden pertenecer al organismo de un vegetal o de un animal, porque la vida del átomo representa un incesante cambio.

La muerte es un aspecto de la vida y la destrucción de una forma material es el preludio de la construcción de otra nueva.

Expondremos brevemente una idea de la naturaleza y función de la vida de la célula.

Toda célula está constituida por tres principios:

1. La materia obtenida del alimento
2. Prana o fuerza vital que la capacita para funcionar y la extrae de los manjares que comemos, del agua que bebemos y del aire que respiramos.
3. Inteligencia dimanante de la Mente Universal.

Examinemos ante todo el aspecto material de la célula. Según dijimos, todo cuerpo vivo es una colectividad de células que constituyen cada una de las partes del organismo, desde los más duros huesos hasta los más blandos tejidos; desde el esmalte de los dientes hasta la más delicada parte de las membranas mucosas. La forma o configuración de las células difiere según la tarea que han de realizar. En todos sus intentos y propósitos es la célula un individuo más o menos independiente aunque sujeto a la dirección de la colectiva inteligencia de su grupo y a la mente instintiva del hombre.

Las células están en incesante actividad, cada cual en la tarea asignada a su grupo o departamento, y la cumplen con toda su habilidad. Algunas permanecen de reserva, en espera de órdenes para desempeñar algún trabajo especial. Otras están en servicio activo, empleadas en la elaboración de los humores necesarios para la vida fisiológica.

Algunas células permanecen estacionarias hasta que la necesidad las mueve; y otras no cesan de ir de un lado para otro, y aun las hay vagabundas. De las células activas unas desempeñan el papel de mandadero, otras cumplen menesteres imprevistos, otras recogen la basura del organismo y otras forman el ejército o cuerpo de policía de la comunidad.

La vida de las células en el cuerpo puede compararse a una colonia que actúa de conformidad con un plan de cooperación, de suerte que cada célula tiene asignada su obra para el bien común, y cada una trabaja para todas en beneficio de la colectividad.

Las células nerviosas llevan mensajes del cerebro a todas las partes del cuerpo y viceversa, como alambres telegráficos vivientes, pues los nervios están constituidos de células en contacto unas con otras y tienen unas espirillas o proyecciones también en recíproco contacto o mejor dicho en muy contigua cercanía, de modo que forman a manera de una cadena por donde pasa el prana.

Millones de millones de células hay en el cuerpo humano, y se calcula que en quince mililitros de sangre existen setenta y cinco mil millones de glóbulos rojos, sin contar las demás clases de células.

La colectividad celular es muy numerosa.

Las funciones de los glóbulos

Los glóbulos rojos o mensajeros ordinarios de la sangre flotan en las arterias y venas, toman oxígeno de los pulmones y lo transportan a los diversos tejidos del cuerpo para vivificar y fortalecer el organismo. En el viaje de regreso por las venas, están los glóbulos rojos cargados de desechos que se queman en el acto de la inspiración en los pulmones. Como un buque mercante, estas células llevan cargamento de oxígeno en el viaje de ida y de desechos en el de vuelta. Otras células pasan a través de las paredes de las arterias y de las venas y de los tejidos del cuerpo para realizar su obra en el punto donde conviene algún reparo.

La función de los glóbulos rojos es transportar los materiales nutritivos, arreglar los desperfectos y limpiar los desechos.

Además de los glóbulos rojos o mensajeros, hay otras clases de células en la sangre, entre ellas los policías o soldados de la comunidad, encargados de proteger al organismo contra los gérmenes morbosos. Cuando una de estas células policías tropieza con una bacteria, la atrapa y la devora si no es muy grande, y si lo es llama en su auxilio a otras células, para entre todas empujar al enemigo común hacia una parte del cuerpo por donde sea fácil expulsarlo. Los salpullidos, granos y diviesos son ejemplos de la expulsión de los intrusos.

Mucho es el trabajo asignado a los glóbulos rojos. Llevan oxígeno a todas las partes del cuerpo; depositan los materiales nutritivos donde es necesario construir o reparar los tejidos; extraen de los alimentos las substancias a propósito para elaborar la saliva, los jugos gástricos, pancreáticos e intestinal, la bilis y demás humores del cuerpo.

Desempeñan muchos otros menesteres en los que están atareadísimos como hormigas en hormiguero. Los instructores orientales hace largo tiempo que conocen y enseñan la existencia y la obra de estas menudas vidas; pero a la ciencia occidental le estaba reservada la tarea de estudiar el asunto hasta el extremo de descubrir los pormenores de la acción de las células.

A cada instante de nuestra vida nacen y mueren células en nuestro cuerpo. La célula se reproduce por división. La célula madre se agranda hasta formar dos unidades por una especie de cinturón, que al fin se rompe, y deja en libertad dos células que a su vez se dividen cada una en otras dos, y así van formando las fibras de los tejidos orgánicos.

Las células capacitan al organismo para llevar adelante su obra de continua regeneración.

Cada parte del cuerpo humano se renueva periódicamente. La piel, los huesos, el cabello, las uñas, los músculos, todos los tejidos menos el nervioso se renuevan al cabo de algún tiempo. En cuatro meses mudamos las uñas y en cuatro semanas la piel. Y las células, estas inteligentes operarias, están encargadas de tan admirable obra. Millones de ellas se mueven de una a otra parte o están fijas en determinado punto, renovando los tejidos gastados y expulsando del organismo los desechos.

En el reino animal concede la Naturaleza a la mente instintiva un dilatado campo de amplios horizontes; pero conforme evoluciona la vida y se desenvuelven las facultades superiores, se restringe el campo de la mente instintiva. Así, por ejemplo, los cangrejos y algunos arácnidos renuevan por entero ciertas partes de su cuerpo; las culebras pueden renovar parte de su cabeza, incluso los ojos, si se los amputan; hay peces que renuevan la cola; las salamandras y los lagartos reconstruyen huesos y músculos de su cuerpo, incluso parte de la columna vertebral.

Las ínfimas formas de la vida animal poseen una casi ilimitada capacidad de renovación, pues se renuevan del todo con tal de que se les deje una pequeña parte del cuerpo como base de renovación. Las formas superiores del reino animal han perdido mucho de este renovador poder, y el hombre lo ha perdido mayormente a causa de su género de vida. Sin embargo, algunos yogis muy versados en la Yoga Hatha han obtenido admirables resultados en este particular, y quienquiera con perseverante y paciente práctica puede dominar la mente instintiva hasta el extremo de renovar los órganos enfermos y fortalecer las débiles partes del cuerpo.

Pero aun el mismo hombre ordinario posee admirable grado de recuperativo poder que sin advertirlo se está constantemente manifestando. Por ejemplo, la curación y cicatrización de una herida es un caso tan frecuente que no se le suele dar importancia, aunque nos ofrece pruebas de la inteligencia desplegada en la realización de tamaña obra.

Cuando el cuerpo recibe una herida que interesa los vasos sanguíneos y linfáticos, las glándulas, los músculos ya veces los huesos, se interrumpe la continuidad del funcionamiento fisiológico. La herida sangra, está abierta y causa dolor. Los nervios envían un mensaje al cerebro, reclamando inmediato auxilio, y la mente instintiva solicita la concurrencia al punto del suceso del mayor número de células operarias.

Entretanto, fluye la sangre de la herida con intento de arrastrar las impurezas introducidas, que serían un veneno si allí permanecieran. Al ponerse la sangre en contacto con el aire exterior se coagula y forma una substancia pegajosa parecida a la cola, que es el comienzo de la futura costra. Los millones de células encargadas de hacer obra reparadora acuden a paso redoblado y desde luego comienzan a conectar los tejidos, desplegando admirable inteligencia y actividad en esta obra. Las células de los tejidos, nervios y vasos sanguíneos de ambos lados de la herida empiezan a multiplicarse en millones de nuevas células, que avanzando de uno y otro lado convergen al centro de la herida.

Esta formación de nuevas células tienen todo el aspecto de un esfuerzo desordenado y sin propósito; pero al cabo de poco tiempo se muestra la mano de la mente gobernante y de sus subordinados centros de influencias. Las nuevas células de los vasos sanguíneos se conectan del lado opuesto de la herida y forman nuevos conductos por donde fluye la sangre.

La mente de la célula deriva de la Mente Universal, el depósito de la substancia mental.

Las células del tejido conectivo se unen con otras de su clase y unen los bordes de la herida. Se forman nuevas células nerviosas en ambos bordes y no tarda en establecerse el hilo nervioso conductor de la corriente. Después de realizada esta obra interna y reparados los músculos, los vasos sanguíneos y los nerviosos, y las células de la piel acometen la terminación de la tarea y aparecen nuevas células dérmicas que construyen una nueva piel sobre la herida, ya sanada por entonces. Todo se efectúa ordenadamente y denota disciplina e inteligencia. La curación de una herida, en apariencia sencilla, coloca al observador frente a frente de la suprema Inteligencia que penetra toda la Naturaleza y ve en actividad la Energía creadora. La Naturaleza gusta siempre de descorrer el velo y dejarnos atisbar lo que sucede en la cámara secreta; pero nosotros, pobres criaturas ignorantes, desatendemos la invitación y malgastamos nuestra fuerza mental en necias y dañosas intentonas.

La mente de la célula está en directo contacto y dirigida por la mente de los centros o grupos celulares que a su vez están regulados por otros centros o grupos superiores hasta alcanzar la céntrica mente instintiva. Pero la mente de la célula no es capaz de manifestarse sin los otros dos principios: materia y prana. Necesita la célula el reciente material suministrado por el alimento saludablemente digerido, a fin de que sirva de medio de expresión. También necesita la célula prana o fuerza vital para renovarse y actuar. En la célula, como en el hombre, es indispensable el trino principio de toda vida; materia, mente y fuerza. La mente necesita fuerza o prana para manifestarse en acción por medio de la materia. Como en lo grande, así en lo pequeño. Como arriba es abajo.

En los capítulos anteriores hemos hablado de la digestión y de la importancia de proporcionar a la sangre materiales nutritivos dimanantes del alimento bien digerido, a fin de que cumpla debidamente su reparadora obra. En el presente capítulo hemos expuesto cómo efectúan las células la obra de reparación y cómo se forman a sí mismas en el organismo.

Recordemos que las células en la formación del cuerpo son como ladrillos en la construcción arquitectónica, y se rodean del material obtenido de los alimentos para hacerse con él un cuerpo.

Después toman una cantidad de prana o fuerza vital y acuden a donde se las necesita para elaborar los diversos tejidos orgánicos. Quienes se dejaron abatir y sufren de imperfecta nutrición no tienen el número normal de glóbulos rojos que, por tanto, no pueden realizar cumplidamente su obra.

Sin el conveniente material para formarse un cuerpo, las células no podrían funcionar ni existir.

Las células han de disponer de material con que construir sus cuerpos, y este material sólo pueden allegarlo de los digeridos alimentos; pero a menos que haya suficiente prana en el sistema, las células no pueden manifestar suficiente energía para hacer su obra, y entonces se debilita el organismo por falta de vitalidad. A veces la mente instintiva está de tal modo abrumada por la inteligencia del individuo, que se contagia con las absurdas nociones y temores de este último y no acierta a realizar acabadamente su acostumbrada obra, por lo que no se forman debidamente las células. Pero cuando la inteligencia adquiere la verdadera idea, procura enmendar sus pasados yerros y tranquiliza a la mente instintiva, a fin de que comprenda sus deberes, y de entonces en adelante gobierne su reino.

Al efecto, la inteligencia dirige a la mente instintiva palabras de aliento y confianza hasta lograr que recobre el equilibrio y cumpla sus funciones. Hay cosas en que la mente instintiva quedó tan influida por las diversas nociones de la inteligencia o por ideas extrañas, que tarda, por lo confusa, largo tiempo en recobrar el equilibrio. En semejantes circunstancias parece que algún centro subalterno se ha rebelado y no quiere someterse a las órdenes del cuartel general. En uno y otro caso se requiere el deliberado mandato de la voluntad para apaciguar el organismo. Recordemos que cada órgano tiene su peculiar inteligencia y por lo general un enérgico mandato de la voluntad mejorará las condiciones anormales.

19
Regulación del sistema simpático

En el capítulo anterior dijimos que el cuerpo humano está compuesto de millones de diminutas células dotadas de suficiente materia para capacitarlas a la acción, de suficiente prana para darles la necesaria energía y de suficiente substancia mental que les proporcione el grado de inteligencia requerido por el cumplimiento de su obra.

Cada grupo es, a su vez, parte de otro grupo superior, y la inteligencia de cada célula está relacionada con la de las demás células de su grupo, de modo que de estas combinadas inteligencias individuales resulta la inteligencia del grupo.

Los grupos celulares

Cada grupo es, a su vez, parte de otro grupo superior, y así sucesivamente se van formando grupos superiores hasta constituir una especie de república de inteligencias celulares dirigidas y gobernadas por la mente instintiva, uno de cuyos deberes es gobernar y dirigir los grupos superiores de células. Por lo general, la mente instintiva cumple a satisfacción esta obra, a menos que la desmoralice la inteligencia con temerosos pensamientos o sugiriéndole extrañas maneras de regular el cuerpo físico por medio de las inteligentes células.

Por ejemplo, en el caso de estreñimiento, si la inteligencia está ocupada en alguno de sus menesteres, no podrá el cuerpo responder a las llamadas de la mente instintiva excitada por las células del colon ni hará caso de las peticiones de aquél. En consecuencia, la mente instintiva es incapaz de ejecutar las apropiadas órdenes, y tanto ella como el respectivo grupo de células se desmoralizan y no saben qué hacer. Los hábitos viciosos suplantan entonces a los naturales.

A veces estalla en algún grupo celular algo parecido a una rebelión, a causa del trastorno provocado por los nuevos hábitos, y aun llegan a declararse en huelga algunos grupos de células por falta de nutrición o excesivo trabajo. Las células se portan como se portarían los hombres en análogas circunstancias, y esta analogía suele sorprender al investigador. Si el mal no se remedia, se propagan las huelgas y rebeliones, y aunque se remedie, vuelven las células al trabajo de mala gana, y en vez de hacer cuanto de mejor saben, trabajan lo menos posible y aun cuando les acomoda. Se restablecerá la normalidad mediante el mejoramiento de la nutrición y la mayor solicitud de la mente instintiva, aunque cabe obtener más rápido resultado dando a los grupos celulares directas órdenes de la voluntad.

Es admirable cuán pronto puede restablecerse el orden de esta manera. Los yogis superiores tienen asombroso dominio sobre el sistema simpático y pueden influir directamente en las células del cuerpo; y aun los falsos yogis de las ciudades de la India, que no van más allá de saltabancos y se exhiben por unas cuantas monedas de cobre, hacen curiosa ostentación de dicho dominio, aunque semejante espectáculo repugna a las personas de exquisita sensibilidad y lo deploran los auténticos yogis, que de tal modo ven prostituida su noble ciencia.

La disciplinada voluntad es capaz de influir directamente en los grupos de células por un sencillo procedimiento de concentración, aunque para ello se necesita muy perseverante ejercicio. Hay otros procedimientos, entre ellos el de repetir determinadas palabras al objeto de enfocar la voluntad, tal como las afirmaciones y autosugestiones usadas en el mundo occidental. Las palabras concentran la voluntad en el punto donde está trastornado el organismo, que entonces recibe una provisión de prana y da nueva energía a las células, de modo que cesa la huelga, se restablece la normalidad y se acrecienta el riego sanguíneo en la región afectada, con lo que las células reciben el necesario material de nutrición.

Con la fuerza de voluntad somos capaces de controlar el correcto funcionamiento del corazón, el hígado, el estómago, el colon y la menstruación.

Uno de los más sencillos procedimientos de enviar una orden enérgica a las células del punto del trastorno es el que los instructores yogis enseñan a sus discípulos incapaces todavía de valerse por sí mismos de su voluntad. Consiste en hablar con las células rebeldes en tono autoritario, como si fueran chiquillos de una escuela o reclutas militares. Se ha de dar orden positiva y firmemente diciéndole al órgano rebelde lo que ha de hacer y reiterando severamente la orden varias veces. Un golpecito o una palmada suave en la parte del cuerpo donde se haya localizado la dolencia llamará la atención del respectivo grupo de células, de la propia manera que cuando le damos a un conocido una palmada en el hombro, detiene el paso y se vuelve a escuchar lo que le vamos a decir.

Sin embargo, no suponga nadie que las células tienen oídos y entienden lo que se les dice en lengua vulgar. Lo que sucede es que al pronunciar enérgicamente las palabras del mandato forjamos la imagen mental por ellas expresada, y esta imagen se transmite a las células por vibración mental por medio del gran simpático, y las células vibran sincrónicamente con el transmitido mensaje. Según ya dijimos, la concentrada atención del individuo en el punto afectado le allega nueva provisión de prana y acrecienta la intensidad del riego sanguíneo.

El médico naturista puede enviar del mismo modo un enérgico mandato que la mente instintiva del enfermo recibe y transfiere al grupo de células rebeldes. Todo esto puede parecer pueril, pero se apoya en poderosas razones científicas, y los yogis lo consideran como el más sencillo procedimiento de transmitir órdenes mentales a las células, por lo que no sería prudente desdeñarlo sin antes ponerlo a prueba, pues ha resistido las de los siglos sin encontrar nada mejor.

Quien desee experimentarlo en una parte enferma de su cuerpo o de algún pariente o amigo, ha de golpear suavemente dicha parte con la palma de la mano, y decir en voz alta y tono de autoridad, como si se dirigiese a un subordinado inobediente:

Es necesario que te pongas mejor y desempeñes cumplidamente tu función. Eres muy perezoso en agradarme, y espero que de ahora en adelante serás más activo y darás de mano a tu insensatez.

No se han de emplear exactamente estas mismas palabras, sino cualesquiera otras, con tal de que expresen el positivo mandato de que el órgano desempeñe su función. De la propia suerte puede vigorizarse el movimiento del corazón, aunque la orden ha de ser en este caso menos áspera, porque las células cardíacas son mucho más inteligentes que las del hígado, por ejemplo, y se las ha de tratar con mayor respeto.

Hay que tratar diferentes partes del cuerpo de diferente forma:

1. Afablemente se le recuerda al corazón que ha de funcionar regularmente, y se le habla con exquisita amabilidad y no a voces destempladas como se pudiera hablar al hígado. El grupo de células cardíacas es el más inteligente de todo el organismo, cual gallardo y celoso caballo, mientras que el grupo del hígado es el más leído y obstinado como un mulo.

2. Si el hígado se rebela, hay que tratarlo enérgicamente, como a un mulo.

3. El estómago es algo inteligente, aunque no tanto como el corazón.

4. El colon es muy obediente y tiene mucha paciencia para el sufrimiento. Es posible ordenar al colon que evacue su contenido todas las mañanas a determinada hora, y si el individuo tiene suficiente fe en la eficacia del mandato y a la hora fijada acude al lugar excusado no tardará el colon en obrar según el deseo del individuo, aunque a veces se hará esperar algo más si recibió malos tratos.

5. También se puede corregir en algunas ocasiones la irregularidad de la menstruación, señalando en el calendario la fecha en que normalmente ha de sobrevenir el flujo catamenial, y entretanto dar cada día el adecuado mandato al respectivo grupo de células diciéndole que faltan tantos días para la fecha señalada, y por lo tanto han de prepararse para hacer su obra en aquel día. Conforme se vaya acercando la fecha, se llama la atención del grupo diciéndole que ya faltan pocos días y han de disponerse a la obra. No se ha de dar la orden en tono de broma, sino muy en serio, con toda formalidad y convencidos de que las células han de obedecer. Hemos presenciado casos de menstruación irregular que por este procedimiento se remediaron en tres meses.

Todo esto puede parecer ridículo, pero cada cual está en disposición de experimentarlo por sí mismo. No tenemos tiempo ni disponemos de espacio para exponer el tratamiento adecuado a cada enfermedad; pero de lo que hemos dicho en capítulos anteriores podrá colegir cada cual el asiento de su dolencia y enviar la correspondiente orden. Si el individuo no sabe a ciencia cierta qué órgano está perturbado, conocerá al menos la región del cuerpo en que nota el trastorno y puede dirigir la orden a dicha región. No es indispensable conocer el nombre del órgano, pues basta dirigir la palabra de un modo innominado.

Este libro no es un tratado de terapéutica, sino más bien de higiene, con objeto de trazar los caminos conducentes a la conservación de la salud; pero de algún provecho servirán estas ligeras insinuaciones sobre el establecimiento de los órganos que funcionan mal. Quien siga los procedimientos que con sus diversas modalidades acabamos de exponer, se sorprenderá del dominio que puede obtener sobre su cuerpo. Será capaz de aliviar los dolores de cabeza dirigiendo hacia abajo el aflujo sanguíneo y de calentarse los pies fríos con sólo ordenar a la sangre que a ellos acuda con mayor intensidad, acompañado de prana. Podrá igualar la circulación y estimular así todo el organismo y aliviar el cansancio de los órganos. En suma, no hay cosa de provecho que no se pueda hacer con estos procedimientos perseverantemente seguidos.

Si no se sabe cómo enviar la orden, se puede concentrar el pensamiento en la parte enferma o rebelde del organismo y decirle en tono de mando: «Cuidado con lo que se hace. Exijo que cumplas normalmente tus funciones y que desaparezca este dolor.»

Pero todo esto requiere práctica y paciencia. No hay ningún atajo para llegar a término feliz.

20
ENERGÍA PRÁNICA

Observará el lector que la Yoga Hatha tiene un aspecto esotérico y otro exotérico. Esotérico quiere decir «interno», «privado», «propio tan sólo de los iniciados», y exotérico significa «externo», «público», lo contrario de esotérico. El aspecto exotérico o público de la Yoga Hatha consiste en la teoría de obtener nutrición del alimento, en las irrigadoras y eliminantes propiedades del agua, en la eficacia del sol para el crecimiento del organismo y conservación de la salud en las ventajas del ejercicio, de la correcta respiración, de la influencia del aire libre, etc. Todas estas teorías son tan conocidas en el mundo occidental como en el oriental, tan familiares al hombre ordinario como al ocultista, y ambos reconocen su verdad y los beneficios resultantes de practicarlas. Pero hay otro aspecto conocido generalmente de los orientales y de los ocultistas, y desconocido del mundo occidental y de los profanos. El aspecto esotérico de la Yoga Hatha gira sobre lo que los orientales llaman prana.

¿Qué es prana?

Saben orientales y ocultistas que el hombre obtiene prana tanto como nutrición de los alimentos y que del agua que bebe allega efectos de limpieza y también prana. Obtiene prana el hombre de los ejercicios físicos, de los rayos del sol, del aire que respira, de la propia suerte que el ejercicio vigoriza sus músculos, el sol le da calor y el aire oxígeno.

Lo relativo al prana está entretejido con toda la filosofía de la Yoga Hatha y debe considerarlo detenidamente quien lo estudie. Así planteada la cuestión, debemos preguntar: ¿Qué es prana?

Los ocultistas de todas las épocas y países enseñaron siempre, aunque usualmente en secreto a contados discípulos, que en el aire, en el agua, en los alimentos, en la luz del sol y por doquiera existe una substancia o principio del que deriva toda actividad, energía y vitalidad.

Prana, según los instructores hindús, significa «energía absoluta».

Difieren en el nombre que dan a dicha substancia, así como en los pormenores de sus teorías, pero todas las filosofías y ocultas enseñanzas coinciden en lo esencial, que desde hace siglos se encuentra también en las enseñanzas y prácticas de los yogis orientales. Hemos preferido designar dicha substancia con el nombre que le dieron los instructores hindúes, o sea el de «prana», que significa «energía absoluta».

Los ocultistas enseñan que el principio llamado prana por los hindúes es el universal principio de energía del que derivan todas las modalidades de energía. Sin embargo, esta teoría no interviene en la consideración del tema capital de esta obra, por lo que nos limitaremos a tratar del prana como del principio de energía manifestado en todos los seres animados en distinción de los inanimados. Lo podemos considerar como el activo principio de vida o fuerza vital, que se halla en todos los seres vivientes, desde la ameba al hombre, desde la más elemental forma de la vida de las plantas hasta la superior forma de la vida animal. Prana lo penetra todo. Se halla en todo cuanto vive; y como la filosofía oculta enseña que la vida está en todas las cosas, en cada átomo, tendremos que la aparente falta de vida en los que llamamos seres inanimados, no es más que un menor grado de manifestación, y así cabe afirmar que prana está por doquiera y en todas las cosas.

No se ha de confundir al prana con el esro, la partícula del divino Espíritu en cada individualidad, envuelta en materia y energía. Prana es sencillamente una modalidad de energía utilizada por el ego en su manifestación material. Cuando el ego se desprende de su cuerpo físico, ya no está el prana bajo su gobierno y sólo obedece las órdenes de los átomos y moléculas constituyentes del desechado cuerpo físico, de suerte que cuando este cuerpo se desintegra en sus originarios componentes, cada átomo toma suficiente prana para formar nuevas combinaciones y el prana sobrante vuelve al depósito universal de donde salió. Mientras el ego gobierna el cuerpo físico, los átomos están cohesionados por la voluntad del ego.

Prana es el principio universal de toda energía, fuerza y movimiento, ya se manifieste en gravitación, electricidad, resolución de los planetas y toda forma de vida, de la inferior a la superior. Se la puede llamar el alma de la fuerza y energía en todas sus modalidades, y una de éstas es la actividad de la vida.

Prana está en todas las formas de la materia, y sin embargo, no es materia. Está en el aire, pero no es el aire ni ninguno de sus constituyentes químicos. Está en nuestros alimentos y no es su nutritiva substancia. Está en el agua y no es ninguno de sus componentes. Está en la luz y no es calor ni luz. Es la energía de todas estas cosas cuyo vehículo son.

El prana no es materia, no es químico, no es substancia... El prana es energía.

El hombre es capaz de extraer prana del aire, del alimento, del agua, del sol y aprovecharlo en su organismo. Sin embargo, no está prana en estas cosas tan sólo para provecho del hombre, sino que en ellas cumple la gran ley de la Naturaleza, de modo que la capacidad del hombre para extraer una porción de prana y utilizarlo es un mero incidente. Prana existiría aunque no existiera el hombre.

Plantas y animales absorben prana del aire, y si no hubiera prana en el aire, morirían plantas y animales aunque respiraran el aire. El organismo lo absorbe con el oxígeno y sin embargo no es el oxígeno.

Prana está en el aire atmosférico, pero también está en todas partes y penetra en donde el aire no puede penetrar. El oxígeno del aire desempeña una parte importantísima en el sostén de la vida animal, y el anhídrido carbónico desempeña análoga parte en el mantenimiento de la vida vegetal; pero prana desempeña su parte peculiar en la manifestación de vida independiente de las funciones fisiológicas.

Estamos constantemente inhalando el aire cargado de prana y del aire extraemos constantemente prana para nuestro provecho. Prana está más libre en el aire atmosférico que, cuando fresco, lo contiene en mayor cantidad, y así es que podemos extraerlo más fácilmente del aire que de cualquier otro manantial. En la respiración ordinaria extraemos y absorbemos una cantidad normal de prana; pero si regulamos y dominamos la respiración podemos extraer y absorber mayor cantidad, que se almacena en el cerebro y centros nerviosos para utilizarla en caso de necesidad. Almacenamos prana como el acumulador almacena electricidad. Los múltiples poderes atribuidos a los ocultistas avanzados provienen sobre todo de su conocimiento de este hecho y del inteligente uso de la almacenada energía. Saben los yogis que mediante ciertos procedimientos de respiración establecen determinadas relaciones con la provisión de prana y pueden extraer la cantidad que necesiten. No sólo fortalecen de este modo los órganos del cuerpo, sino que también el cerebro recibe acrecentada energía de la misma fuente, se actualizan las potenciales cualidades y se adquieren facultades psíquicas. Quien consciente o inconscientemente ha dominado la ciencia de almacenar prana, suele irradiar vitalidad y fortaleza que notan cuantos con él se ponen en contacto, y pueden comunicar a los demás su fortaleza y acrecentarles la vitalidad y la salud. Por este procedimiento se efectúa la llamada «curación magnética», aunque muchos practicantes no se den cuenta de la procedencia de su poder.

Algunos científicos occidentales barruntaron la existencia del prana en el aire; pero como no hallaron vestigio químico de él ni lograron descubrirlo con sus aparatos, han desdeñado la teoría oriental. No supieron explicar la naturaleza del prana, y lo negaron. Sin embargo, parece que reconocen que el aire de determinados lugares posee un «algo» saludable, y allí envían a los enfermos para que recobren la salud.

¿Cómo se aprovecha el prana?

La sangre se apropia del oxígeno del aire y lo utiliza el sistema circulatorio. El sistema nervioso se apropia el prana del aire y lo aprovecha en su funcionamiento. Y así como la sangre oxigenada va a todas partes del organismo para nutrirlo y repararlo, así el prana va a todas las partes del sistema nervioso y lo fortalece y vitaliza. Si consideramos el prana como el activo principio de lo que llamamos vitalidad, tendremos más clara idea de la importante parte que desempeña en la vida fisiológica. Así como el oxígeno se utiliza en la sangre para satisfacer las necesidades del organismo, así el prana absorbido por el sistema nervioso se consume en los actos de la inteligencia, la voluntad y la actividad, por lo que es necesario reponerlo. Cada pensamiento, cada acción, cada esfuerzo de la voluntad, cada movimiento muscular consume cierta cantidad de la que llamamos fuerza nerviosa, que en rigor es una modalidad de prana.

Para mover un músculo el cerebro envía un impulso a los nervios, el músculo se contrae y se consume prana. Cuando se tiene en cuenta que la mayor cantidad de prana absorbida por el hombre proviene del aire inhalado, se comprende fácilmente la importancia de la apropiada respiración.

Se echará de ver que las teorías científicas occidentales referentes a la respiración se limitan a los efectos de la absorción de oxígeno y su uso en el sistema circulatorio, mientras que la teoría yoguística toma también en cuenta la absorción del prana y su aprovechamiento por el sistema nervioso. Pero antes de pasar adelante convendrá dar una ojeada al sistema nervioso.

El sistema nervioso

El sistema nervioso del hombre se divide en dos: el cerebroespinal y el simpático.

1. El cerebroespinal consta de encéfalo, la medula espinal y los nervios que de ambos arrancan. Preside este sistema las funciones de volición y sensación.
2. El sistema simpático consta de los ganglios y nervios situados principalmente en las cavidades torácica, abdominal y pélvica, y distribuidos por los órganos internos. Preside las funciones de la vida vegetativa, tales como la digestión, la respiración y la circulación.

El sistema cerebroespinal rige los sentidos de la vista, oído, olfato, gusto y tacto. Mueve los músculos voluntarios, y de él se vale el ego como instrumento de comunicación con el mundo exterior para pensar y manifestar conciencia. Puede compararse el sistema cerebroespinal a una instalación telegráfica cuya estación céntrica es el cerebro y la medula espinal y los nervios los alambres de transmisión.

El encéfalo es una voluminosa masa de tejido nervioso que consta de tres elementos:

1. El cerebro, que ocupa la mayor parte del cráneo. Es el órgano físico de la mente humana.
2. El cerebelo, situado en la parte inferoposterior. Regula los movimientos de los músculos voluntarios.
3. La medula oblongada, que es el amplio comienzo de la medula espinal y arranca del cerebelo. Es, con el cerebro, el origen de los nervios craneanos que sirven a los órganos de los sentidos y de la respiración. La medula espinal

llena el conducto céntrico de la columna vertebral. Es una larga masa acordonada de. tejido nervioso que se diversifica en nervios que comunican con todas las partes del cuerpo. La medula espinal es como un cable telegráfico con el que están conectados los nervios a manera de alambres.

El sistema simpático consta de una doble cadena de ganglios a uno y otro lado de la columna vertebral y de varios ganglios distribuidos por la cabeza, cuello, pecho y abdomen. Un ganglio es una masa de materia nerviosa, y todos están recíprocamente conectados por filamentos, y también con el sistema cerebroespinal por medio de nervios motores y sensitivos. De los ganglios parten numerosas fibras que rigen los órganos del cuerpo. En diversos puntos se agrupan los nervios y forman plexos. El sistema simpático rige las funciones involuntarias, como la digestión, circulación y respiración.

La ciencia occidental llama «fuerza nerviosa» a la que el cerebro transmite a todas las partes del cuerpo por medio de los nervios; pero los yogis saben que es una modalidad de prana, semejante en índole y rapidez a la electricidad. Sin la fuerza nerviosa el corazón no puede latir ni la sangre circular ni los pulmones respirar ni el estómago digerir ni los diversos órganos funcionar; es decir que sin la fuerza nerviosa se paralizaría todo el mecanismo fisiológico y ni el cerebro podría pensar. Al considerar estos hechos resulta evidente la importancia de la absorción del prana, y la ciencia de la respiración asume un interés mucho mayor del que le concede la ciencia occidental.

Según los yogis el plexo solar es un verdadero cerebro que desempeña función principalísima en la economía fisiológica.

Parece que la ciencia occidental se inclina a reconocer esta verdad, pues algunos autores han denominado «cerebro abdominal» al plexo solar. Está situado este plexo en el epigastrio, justamente detrás de la llamada «boca del estómago», a uno y otro lado de la columna vertebral. Consta de materia nerviosa blanca y gris análoga a la del encéfalo. Rige varios órganos internos y su función es mucho más importante de la que los fisiólogos le asignan, pues según afirman los yogis es el gran depósito de prana. A consecuencia de un violento golpe recibido en el plexo solar han muerto instantáneamente algunos individuos.

El epíteto de «solar» está bien aplicado a este plexo, porque irradia fuerza y energía a todas las partes del cuerpo, y aun el encéfalo le está subordinado en lo referente a la provisión de prana. Tarde o temprano la ciencia occidental reconocerá la verdadera función del plexo solar y ocupará, en consecuencia, más importante lugar en sus enseñanzas.

21 EJERCICIOS PRÁNICOS

Ya dijimos en capítulos anteriores cómo extraer prana del aire, del agua y de los alimentos. Dimos instrucciones respecto a la mejor manera de comer, beber y respirar. Poco más nos resta decir sobre este asunto, y antes de pasar a otro conviene exponer algo de la superior teoría y práctica de la Yoga Hatha sobre la extracción y distribución de prana, o sea la respiración rítmica, clave de la mayoría de las prácticas de la Yoga Hatha.

Todo vibra

Todo vibra. Desde el átomo hasta el sol. En la Naturaleza nada está en absoluto reposo. Si tan sólo un átomo careciera de vibración se desquiciaría el universo. En incesante vibración se realiza la obra universal. La energía actúa de continuo en la materia, dando origen a innumerables formas y variedades, que, sin embargo, no son permanentes, pues desde el momento en que surgen a la existencia empiezan a cambiar y de ellas derivan otras que a su vez se reproducen o se modifican en interminable sucesión. Nada es permanente en el mundo de formas, y sin embargo, la suprema Realidad es inmutable.

En constante vibración están los átomos del cuerpo humano y sin cesar ocurren mudanzas en su organismo. En el transcurso de algunos meses ya no son los mismos los átomos componentes del cuerpo físico del hombre. Todo vibra y todo se muda.

No hay vibración sin ritmo. El ritmo compenetra el universo. El movimiento de los planetas alrededor del sol, las mareas del océano, los latidos del corazón, todo está sujeto a la ley del ritmo, y en obediencia a la misma ley llegan a nosotros los rayos del sol y la lluvia refrigera los campos. Todo crecimiento es una manifestación de la ley del ritmo.

Tan sujeto está nuestro cuerpo a la ley del ritmo como el planeta que gira en torno del sol.

La mayor parte del aspecto esotérico de la ciencia yoguística de la respiración está basada en la ley del ritmo, pues por coincidencia con el ritmo del cuerpo logra el yogi absorber gran cantidad de prana y disponer de ella para lo que le conviene. Ya trataremos extensamente este punto más adelante.

El cuerpo humano es como una pequeña caleta que pone en comunicación el mar con tierra firme. Aunque el agua de la caleta está en apariencia subordinada a sus propias leyes, obedece en rigor al flujo y reflujo del océano. Así el gran océano de la vida tiene su rítmico flujo y reflujo, y el cuerpo, humano responde a este alternativo movimiento. En circunstancias normales respondemos sintónicamente a las vibraciones del gran océano de vida; pero a veces parece obstruida la boca de la caleta con escombros, y como no podemos recibir los impulsos del océano de vida, sobreviene la discordancia corporal.

Se afirma que si la nota de un violín en vibración armónica resonara sin cesar junto a un puente, acabaría por derrumbarlo. También se refiere que si un regimiento de soldados atraviesa un puente a paso marcial y se repite muchas veces este paso, arriesga venirse abajo el puente, y por ello, en semejante circunstancia, ordena el jefe de la fuerza que al atravesar el puente vaya la tropa a paso libre, sin rítmica vibración. Este fenómeno dará idea del efecto que puede tener en el cuerpo humano la respiración rítmica. El organismo recibe la vibración y la sintoniza con la voluntad, que determina el movimiento rítmico de los pulmones que, mientras estén sintonizados, obedecerán fácilmente las órdenes de la voluntad. Con el cuerpo así normalizado, el yogi no encuentra dificultad en acrecentar el riego sanguíneo en cualquier parte del cuerpo, mediante una orden de la voluntad, así como de igual modo intensificar la corriente nerviosa en el órgano que necesite fortalecer y estimular.

De la propia suerte puede el yogi absorber gran cantidad de prana, que queda así a disposición de su voluntad y puede utilizarla como vehículo para enviar pensamientos telepáticos o atraer a quienes tengan la mente sintonizada con la suya. Los fenómenos de telepatía, transmisión del pensamiento, sugestión, hipnotismo, etc., que tanto interés despiertan hoy día en el mundo occidental, pero que los yogis conocen desde hace muchos siglos, pueden intensificarse mayormente si quien emite los pensamientos ha practicado previamente la respiración rítmica.

Lo más importante en la práctica de la respiración rítmica es tener clara idea del ritmo. La numeración métrica es familiar a los que saben música, y no hay quien desconozca el paso rítmico de los soldados. De aquí cabe inferir la idea del ritmo, que en general puede definirse diciendo que es el orden acompasado en la sucesión de las cosas.

El yogi establece por unidad de tiempo del ritmo el latido de su corazón, pues aunque este latido varíe en cada individuo, el suyo y no el de otro es la unidad de tiempo adecuada a su rítmica respiración.

Se computa el latido del corazón colocando los dedos de la mano izquierda como se acostumbra tomar el pulso en la muñeca derecha, y contar ordenadamente: 1, 2, 3, 4, 5, 6 / 1, 2, 3, 4, 5, 6, hasta que la idea del ritmo esté fija en la conciencia mental. Con un poco de práctica se fijará el ritmo de modo que el individuo podrá reproducirlo. Los principiantes inhalan en seis unidades de pulsación, pero la práctica aumentará considerablemente este número.

La regla yoguística de la respiración rítmica es que las unidades de inspiración y espiración han de ser las mismas, mientras que las unidades de retención y de intervalo han de ser la mitad de las de inspiración y espiración.

El siguiente ejercicio de respiración rítmica debe dominarse por completo, por ser la base de todos los demás.

1. De pie y erguido, en cómoda postura, con la cabeza, cuello y pecho tan en línea recta como sea posible, los hombros ligeramente hacia atrás y las manos a los costados. En esta posición, las costillas sostienen la mayor parte del peso del cuerpo, y por tanto se puede mantener cómodamente. Sabe el yogi por experiencia que la respiración rítmica no puede ser eficaz con el pecho hundido y el abdomen saliente.
2. Hacer lentamente una inspiración completa mientras se cuentan seis latidos del corazón.
3. Retener el aliento durante tres unidades.
4. Exhalar lentamente por la nariz, contando seis unidades.
5. Contar tres unidades entre espiración e inspiración.
6. Repetir varias veces el ejercicio, pero evitando la fatiga.
7. Terminar con la respiración purificadora.

Después de un poco de práctica podrá el individuo aumentar la duración de las inspiraciones y espiraciones hasta quince unidades. Conviene recordar que en la retención y en los intervalos el número de unidades es la mitad de las de la inspiración y espiración.

No hay que esforzarse en aumentar la duración de las inspiraciones y espiraciones,pues lo esencial es establecer el ritmo.

Hay que ensayar el ejercicio hasta obtener la «oscilación» del movimiento y «percibir» en todo el cuerpo el ritmo vibratorio. Esto exigirá perseverante práctica, pero la placentera satisfacción de los adelantos que vaya obteniendo el individuo facilitará la tarea. El yogi tiene muchísima paciencia y todavía más perseverancia, y a estas dos cualidades debe sus éxitos.

Generación de prana

Tendido en la cama y completamente relajado, con las manos ligeramente apoyadas sobre el plexo solar (boca del estómago), respirar rítmicamente. Una vez establecido el ritmo general, que cada inspiración extraiga mayor cantidad de prana del depósito universal. El sistema nervioso absorberá este prana y lo almacenará en el plexo solar. A cada espiración tratad de que el prana se distribuya por todo el cuerpo, desde la coronilla de la cabeza hasta la planta de los pies, para estimular, fortalecer y vigorizar el organismo entero y cada una de sus partes. Mientras se ejercita la voluntad se ha de procurar la formación de una imagen mental del prana que entra en los pulmones y se almacena en el plexo solar para desde allí pasar inmediatamente a todas las partes del cuerpo. No es necesario un gran esfuerzo de voluntad. Basta ordenar lo que se desee obtener y en seguida forjar la imagen mental de lo deseado. El mandato severo unido a la imagen mental es mucho más eficaz que el violento deseo que malgasta demasiada energía. El ejercicio descrito es muy provechoso, pues refrigera y fortalece el sistema nervioso y produce una sensación de alivio en todo el cuerpo. Es particularmente útil cuando se nota mucha fatiga o se está falto de energía.

Cambio de circulación

Acostado o de pie y erguido, respirar rítmicamente, y al espirar dirigir la circulación de la sangre al punto en donde esté entorpecida. Este procedimiento es eficaz en los casos de frío en los pies o dolor de cabeza, pues en ambos casos se ha de dirigir hacia abajo el riego sanguíneo, para respectivamente calentar los pies o descongestionar el cerebro. La circulación está mayormente bajo el dominio de la voluntad, y la respiración rítmica facilita la tarea.

Intensificación

Cuando la vitalidad baja de nivel y es necesario absorber nueva cantidad de prana, el mejor procedimiento es colocarse de pies juntillas y cerrar cómodamente los dedos de ambas manos. Así se cierra el circuito, como si dijéramos e impide el escape de prana por las extremidades. Hecho esto, respirar rítmicamente unas cuantas veces y se notarán los efectos de la intensificación del prana.

Estímulo cerebral

Los yogis afirman que los siguientes ejercicios son muy eficaces para estimular la acción del cerebro como órgano físico de la mente en cuanto a la claridad de pensamiento y robustez de raciocinio. Sus efectos son admirables para despejar el cerebro y sobre el sistema nervioso. Especialmente útil para quien se dedica a trabajos intelectuales, tanto porque serán sus ideas más lúcidas cuanto porque los refrigerará después de una ardua labor mental.

Se sienta el individuo en postura erguida, con la columna vertebral muy recta, la vista al frente y las manos sobre los muslos. Respira rítmicamente, pero en vez de por ambas fosas nasales, se tapa la ventanilla izquierda con el pulgar y se respira por la ventanilla derecha. Después se deja libre la ventanilla izquierda, se tapa con el pulgar la derecha, y se exhala por la izquierda. Luego sin cambiar los dedos se inspira por la ventanilla izquierda, y cambiando los dedos se inspira por la derecha. Enseguida se inspira por la derecha y se espira por la izquierda, y así alternativamente. Este es uno de los más antiguos procedimientos de respiración usados por los yogis, y por lo importante y eficaz vale la pena aprenderlo. Sin embargo, los yogis no pueden menos de sonreírse de que los occidentales lo consideren el «verdadero secreto» de la respiración yoguística, que para muchos occidentales está representada por la imagen de un hindú en postura erguida y respirando alternativamente por una sola ventanilla de la nariz.

Esperamos que este libro dé al mundo occidental clara idea de las grandes posibilidades de la respiración yoguística y de los numerosos procedimientos que en su práctica se pueden adoptar.

Respiración psíquica

Tiene este procedimiento por obligados precedentes el de la respiración rítmica y la representación mental anteriormente descrita. Los principios generales de la respiración psíquica pueden resumirse en el aforismo hindú que dice: «Bienaventurado el yogi que puede respirar a través de sus huesos.»

La respiración psíquica hincha de prana todo el organismo, que así queda armonizado por el prana y el ritmo de la respiración. Limpia completamente todo el organismo y después de practicado le parece al individuo como si hubiese recibido un nuevo cuerpo recién creado desde la coronilla hasta la planta de los pies.

Dejaremos que el procedimiento hable por sí mismo.

1. Tendido cómodamente con el cuerpo relajado.
2. Respirar rítmicamente hasta que el ritmo esté bien establecido.
3. Inspirar y espirar forjando la imagen mental de que el aliento pasa sucesivamente a través de los huesos de las piernas y de los brazos, por el cráneo, por el estómago, por los órganos genitales, por la columna vertebral, y como si entrara y saliera por los poros de la piel, de suerte que todo el cuerpo estuviera henchido de prana.

4. Respirar rítmicamente y transmitir la corriente de prana a los siete centros vitales, uno tras otro, previa la respectiva representación o imagen mental. Los siete centros son los siguientes:

a) La frente.
b) El occipucio.
c) La base del cráneo.
d) El plexo solar.
e) La región sacra.
f) El ombligo.
g) Los órganos genitales.

Se hace pasar la corriente de prana varias veces hacia arriba y hacia abajo de la columna vertebral.
5. Practicar la respiración purificadora.

22
La ciencia de la relajación

La ciencia de la relajación es una parte importantísima de la Yoga Hatha y muchos yogis la han estudiado detenidamente. A primera vista puede parecer ridicula la idea de enseñar cómo se relaja y descansa el cuerpo, pues todos deben saberlo. Desde luego que la Naturaleza nos enseña a descansar perfectamente y el niño es un experto maestro en esta ciencia. Pero el adulto ha encontrado hábitos artificiosos con desdén y olvido de los naturales, por lo que hoy día bien pueden los occidentales aceptar de los yogis unas someras enseñanzas sobre este punto.

La relajación y la contracción

Los médicos podrían dar interesantísimo testimonio de que la mayoría de las gentes desconocen los principios de la relajación corporal, pues saben que gran número de trastornos nerviosos provienen de la ignorancia respecto al descanso del cuerpo.

No se han de confundir la relajación y el descanso con la ociosidad y la holgazanería. Por el contrario, los que han dominado la ciencia de la relajación son muy laboriosos y no malgastan energía, porque aprovechan todos sus movimientos.

Para mejor comprender lo que es la relajación consideremos primero su contraria: la contracción. Cuando enviamos un impulso desde el cerebro al músculo con una adicional provisión de prana, el músculo se contrae. El prana pasa por los nervios, llega al músculo, lo contrae y se mueve el miembro que deseamos mover.

Toda acción, hecha por la mente consciente o por la inconsciente, consuma cierta cantidad del prana acumulado en nuestro cuerpo.

Si queremos mojar la pluma en el tintero, el deseo se manifestará en acción por medio del impulso que envía el cerebro a los músculos del brazo derecho y de la mano del mismo lado, que se contraen, llevan la pluma al tintero y después de mojada la vuelven a colocar sobre el papel. Lo mismo ocurre en todos los actos conscientes o inconscientes de nuestro cuerpo. En los actos conscientes, las facultades conscientes envían un mensaje a la mente instintiva, que en seguida obedece la orden y envía una corriente de prana al punto deseado. En los actos inconscientes la mente instintiva no espera órdenes, sino que obra por sí y ante sí. Pero toda acción, tanto consciente como inconsciente, consume cierta cantidad de prana, y si lo consumido excede de la acumulada por el organismo sobreviene el abatimiento y el individuo parece agotado. La fatiga de un músculo determinado es algo diferente y proviene del trabajo insólito a que se lo ha sometido a causa de la desusada cantidad de prana que se le envió para contraerlo.

Hemos tratado hasta ahora de los movimientos del cuerpo resultantes de la contracción muscular determinada por la corriente de prana dirigida al músculo.

Hay otra manera de consumir prana y desgastar los músculos. Puede compararse a la pérdida de agua resultante de dejar medio abierto el grifo de la cocina. Es precisamente lo que hace la mayoría de la gente que deja suelta la corriente de prana, cuya continua acción acaba por deteriorar los músculos y el organismo todo.

Dice un aforismo psicológico que el pensamiento se concreta en acción.

Nuestro primer impulso cuando deseamos hacer algo es efectuar el movimiento muscular necesario para concretar en acción nuestro pensamiento. Sin embargo, otro pensamiento contrario puede retraernos de hacer el movimiento si nos acomete el deseo de refrenar la acción. Puede invadirnos la cólera con deseo de golpear al causante del encolerizamiento. Antes de dar el primer paso hacia la agresión ya está el pensamiento en la mente; pero el buen juicio interviene en el acto y queda refrenado el movimiento de agresión. La orden y la contraorden se suceden tan rápidamente que la conciencia mental no advierte movimiento alguno y sin embargo el músculo respectivo había empezado ya a vibrar en forma agresiva cuando le impidió la acción el impulso reflexivo.

Por este mismo principio llevado a más extremosos refinamientos, se dirige una débil corriente de prana a los músculos, que se contraen ligeramente, cuando nos complacemos en pensamientos ociosos, con incesante desperdicio de prana y el consiguiente desgaste de nervios y músculos.

Las personas irascibles, que por cualquier tontería se enojan, tienen de continuo sus nervios y músculos en tensión, a consecuencia de su desbaratada actitud mental. Los pensamientos se concretan en acción y la persona de viciosos hábitos mentales permite que sus pensamientos se manifiesten en las corrientes enviadas a los músculos, a las que inmediatamente siguen las corrientes contrarias. En cambio, quien haya logrado dominar su mente y se mantenga ecuánime en todas las vicisitudes de la vida no experimentará morbosos impulsos, de siempre funestos resultados, pues no consiente que sus pensamientos lo avasallen. Es dueño y no esclavo.

El hábito de dejarse arrastrar de pronto por excitantes pensamientos y reprimirlos para que no se concreten en acción, suele hacerse crónico, y entonces se halla el individuo en continua tensión nerviosa y muscular, de lo que proviene la incesante substracción de prana del organismo. Cuando los músculos están en semejante estado de tensión necesitan que los nervios les suministren una continua corriente de prana sin rendimiento útil, pues sólo sirve para mantenerlos en tensión.

Recordaremos la historieta de aquella buena vieja que por vez primera viajaba en ferrocarril con destino a una cercana población. Tan anhelosa estaba de llegar al término de su viaje que iba sentada en el borde del asiento, con el cuerpo inclinado hacia adelante, creída de que así acrecentaba con su empuje la velocidad del tren. El pensamiento de la anciana estaba tan firmemente fijo en el término de su viaje, que se concretó en acción hasta el punto de contraerle los músculos, por lo cual no tuvo el descanso de que pudo disfrutar de haber llegado a la relajación de su organismo.

Análogamente suelen proceder muchas personas que se esfuerzan en lograr lo que desean y están así en continua tensión de músculos y nervios. La morbosa intensidad del deseo los mueve a cerrar los puños, morderse los labios, patear en el suelo y demás ademanes que expresan físicamente su emoción violenta, todo lo cual comporta un lamentable desperdicio de prana.

La relajación de los músculos

Una vez adquirida la idea de la contracción muscular, digamos algo acerca de lo que podríamos llamar ciencia de la relajación.

En la relajación de los músculos no hay desusada corriente de prana, sino tan sólo la puramente necesaria para mantener el organismo en condición normal. En estado de relajación descansan nervios y músculos, y el prana sobrante se acumula y conserva en vez de malgastarlo en inútil consumo.

Quien comprende en qué consiste la relajación, defiende sus energías y en los períodos de actividad trabaja fructíferamente.

La relajación se puede observar en los niños de corta edad y en los animales. Algunos adultos también saben relajarse, y precisamente son los que denotan mayor fuerza y vigor en estado de actividad. El vago y ocioso no puede servir de ejemplo de relajación, pues muchísima diferencia hay entre la relajación y la holgazanería. La relajación es el descanso entre dos períodos de actividad, cuya consecuencia es que al reanudar el trabajo se hace con mayor facilidad y acierto, mientras que la holgazanería consiste en la repugnancia y disgusto que inspira el trabajo.

Quien comprende en qué consiste la relajación, defiende sus energías y en los períodos de actividad trabaja fructíferamente. Establece una ecuación entre su esfuerzo y su trabajo, de que resulta la eficiencia, sin desperdicio de energía. En cambio, quien desconoce las leyes de la relajación consume de tres a veinticinco veces más energía de la necesaria para efectuar cumplidamente su labor, sea de índole mental o física. Si alguien dudara de ello no tiene más que observar a las personas de su intimidad y frecuente trato y echará de ver con cuan inútiles movimientos y exageradas actitudes realizan su trabajo. Les falta la previa ordenación mental, y la consecuencia es el desperdicio de energía.

Quienes se apresuran, inquietan, desazonan, irritan, patalean y gritan no son los que mejor trabajan, pues se desgastan y fatigan antes de que llegue la hora de la acción.

Los yogis orientales que se dedican a la enseñanza se llaman gurús, y a sus discípulos se los denomina chelas; pero su método didáctico no tiene por base los libros de texto, como en Occidente, sino la viva voz del gurú, y por material de enseñanza se valen de los objetos de la Naturaleza, de modo que dan verdaderas lecciones de cosas, a fin de que la idea quede asociada en la mente del chela con el respectivo objeto que naturalmente la expresa. Los gurús que enseñan la filosofía de la Yoga Hatha, al tratar de la relajación, ponen por viviente ejemplo el del gato o algún otro animal de la raza felina, como el leopardo o la pantera en los países donde abundan estas fieras.

Si observamos a un gato en actitud de reposo o en paciente espera junto a la boca de una cueva de ratones, veremos que no tiene contraído ni un solo músculo, sino que parece la viva imagen de la intensa vitalidad en reposo, pero dispuesta a la inmediata acción. Inmóvil permanece el animal, como si fuera de piedra, o estuviese dormido o muerto. Pero si aparece un ratón se lanza con la rapidez de un dardo. Así vemos que el reposo del expectante animal, aunque sin movimiento ni tensión muscular, es un reposo viviente, muy distinto de la ociosidad.

El organismo del gato no se estremece de impaciencia ni ansiedad por la espera. No se le crispan los nervios ni le tiemblan los músculos ni da señales de ansiedad. Por el contrario, todo él está en reposo sin desperdiciar ni un ergio de energía; pero cuando llega el momento de la acción, afluye el prana a los descansados músculos y reposados nervios, y el acto sigue al pensamiento como chispa eléctrica brotada de la máquina.

Aciertan los yogis al valerse del gato doméstico como ejemplo de gracia, vitalidad y reposo.

En efecto, no es posible la rápida y eficiente acción donde falta la habilidad de relajar músculos y nervios. Quienes se apresuran, inquietan, desazonan, irritan, patalean y gritan no son los que mejor trabajan, pues se desgastan y fatigan antes de que llegue la hora de la acción. Únicamente cabe confiar en quien no se exaspera ni se irrita, sino que ecuánimemente aguarda la ocasión de actuar. Pero los irascibles no deben desesperar del remedio de su mal, porque la relajación y el reposo pueden cultivarse como cualesquiera otras cualidades.

23 REGLAS DE RELAJACIÓN

Los pensamientos se concretan en acción y las acciones repercuten en la mente. No olvidemos que las actitudes, posturas y ademanes del cuerpo repercuten en la mente y determinan ciertos estados mentales. Conviene tener en cuenta estas circunstancias en el estudio de la relajación.

Casi todos los nocivos hábitos y prácticas de contracción muscular derivan de viciosos pensamientos que se concretan en acción, así como, viceversa, muchos pensamientos viciosos o nocivos estados mentales provienen de morbosas actitudes físicas o hábitos igualmente viciosos. Cuando nos encolerizamos es casi instintivo el movimiento de cerrar el puño; pero si contraemos el hábito de cerrar el puño, fruncir el ceño, apretar los labios y mirar torvo, corremos el riesgo, ya que en ese sentido disponemos el ánimo, de que algún día estalle la cólera.

Conocido es el experimento de mantener por un rato una sonrisa forzada en los labios y un sereno mirar en los ojos, de que resulta al cabo de pocos minutos la espontánea sonrisa.

Evitar la contracción muscular

Lo primero que se necesita para evitar las nocivas prácticas de la contracción muscular, que tanta prana desperdicia y de tal manera estraga los nervios, es cultivar la actitud mental de calma y reposo; y aunque es tarea penosa y difícil al principio, compensa con el logro todas las penalidades. La paz mental puede conseguirse desechando el tedio y la cólera. Desde luego que también se ha de desechar el temor; pero como esta siniestra emoción subyase en el tedio y la cólera, nos ocuparemos en estas dos por ser estados elementales de mente y ánimo.

El yogi procura, desde edad muy temprana, evitar el tedio y la cólera, por lo que después de educar sus facultades está absolutamente sereno y tranquilo y denota fortaleza y poderío su presencia.

Produce la misma impresión que la montaña, el mar y demás manifestaciones de ingente fuerza. Ante el yogi experimenta el hombre ordinario la sensación de estar en presencia de intenso poder y formidable energía en perfecto reposo. Considera el yogi la cólera como una siniestra emoción muy propia de los brutos y de los salvajes, pero impropia e indigna del hombre evolucionado. Es la cólera para el yogi una locura temporánea, y compadece a quien pierde el propio dominio hasta el extremo de encolerizarse. Sabe el yogi que nada se consigue con la cólera, pues además de malgastar energía, perjudica al cerebro y sistema nervioso, y entorpece la naturaleza moral y el perfeccionamiento espiritual del colérico. Sin embargo, no quiere decir que el yogi sea un ente débil, sin vigor ni empuje. Por el contrario, no sabe qué es temor, y su calma denota precisamente el convencimiento de su fortaleza; no es confesión de debilidad. Los hombres de temple y recia voluntad se mantienen siempre en serena actitud y nunca profieren jactanciosas amenazas, como suelen hacerlo los débiles que quieren que se los tenga por enérgicos.

El yogi también ha desechado el tedio de su mental condición. Sabe que es locura malgastar energía y que este desperdicio es siempre perjudicial. Cree en la eficacia del pensamiento cuando ha de resolver algún problema, salvar un obstáculo o vencer una dificultad, pero no se abate, ni desalienta ni se deja ganar por el tedio, porque el tedio desperdicia energía y es indigno de un hombre evolucionado. Conoce el yogi demasiado bien sus facultades y la naturaleza de su ser para sumirse en el tedio. Se ha emancipado de las siniestras emociones y enseña a sus discípulos que la extirpación del tedio y de la cólera es el primer paso hacia la práctica de la yoga.

Aunque el vencimiento y dominio de las siniestras emociones de la naturaleza inferior pertenecen a otras ramas de la filosofía yoguística, están relacionados con la relajación, pues sabido es que quien está libre de tedio y cólera también lo está de las principales causas de contracción muscular y tensión nerviosa. Así vemos que en cuanto un hombre se emancipa de tan siniestras emociones se libra también de las musculares contracciones a que nos hemos referido. Por lo tanto, debe empezar por librarse de toda emoción siniestra y mayormente del tedio y de la cólera.

Por otra parte, la práctica de la relajación, o sea el impedimento de la contracción muscular y la tensión nerviosa en la vida diaria, reaccionará sobre la mente y contribuirá a sosegarla. Es una regla de doble aplicación.

La clave de la práctica de la relajación estriba en dos palabras: «Dejad hacer.» Quien descifre el significado de estas dos palabras y sea capaz de ponerlo en práctica conocerá el secreto de la ciencia de la relajación.

Un excelente ejercicio es el siguiente:

> Tendido a lo largo boca arriba, se dejan flojos todos los músculos y después se distribuye el pensamiento por todo el cuerpo de cabeza a pies. Se notará que todavía hay algunos músculos en tensión, y es preciso relajarlos a fin de que todo el organismo lo esté, con los nervios en descanso. En esta postura se hacen unas cuantas respiraciones profundas. Se puede variar este ejercicio volviéndose completamente de un lado y relajando en seguida todo el organismo. Después se vuelve del otro lado y se relaja igualmente el organismo. No es tan fácil este ejercicio como a pri-

> mera vista parece, pues algo cuesta al principio, como lo demostrarán las pruebas; pero no hay que desalentarse, sino perserverar hasta dominarlo. Durante el relajamiento conviene forjar la imagen mental de que se está tendido en un mullido lecho y que el cuerpo es como de plomo. Se han de repetir lentamente varias veces las palabras: «Pesado como plomo, pesado como plomo», levantando los brazos y retirar de ellos el prana al cesar la contracción de los músculos y dejándolos caer pesadamente a uno y otro lado del cuerpo.

Este ejercicio es muy penoso para algunas personas la primera vez que lo practican, pues les cuesta mucho dejar caer los brazos por su propio peso, porque están de largo tiempo habituados a la continua contracción muscular. Una vez dominados los brazos, se ejercitan las piernas, primero una, luego otra y al fin entrambas, de modo que caigan tendidas por su propio peso y queden completamente relajadas. Entre prueba y prueba hay que descansar y no se ha de hacer mucho esfuerzo en este ejercicio, pues su finalidad es el reposo del organismo y el dominio de los músculos. Luego, se levanta la cabeza y se deja caer de la misma manera. Hecho esto, se forja la imagen mental de que el cuerpo descansa en la cama por su propio peso. Alguien dirá que siempre que descansa uno en la cama deja caer el cuerpo por su propio peso; pero es un error, pues en realidad el individuo trata de sostenerlo por la contracción de algunos músculos. Así es que se ha de dejar que la cama sostenga el peso natural del cuerpo sin hacer esfuerzo alguno por nuestra parte, pues de lo contrario cometeremos insensatez parecida a la de la anciana que sentada en el borde de su asiento se figuraba impulsar la marcha del tren.

Hemos de tomar por modelo el sueño del niño que sin esfuerzo alguno por su parte deja reposar en la cama todo el peso de su cuerpecito. Así lo comprueba el hoyo que al levantarlo de la cama ha dejado el cuerpo en el colchón.

Quien tropiece con dificultad para adquirir práctica de esta relajación podrá vencerla si se forja la imagen mental de que todo su cuerpo es tan flexible, tan relajante como un lienzo mojado. Con algo de práctica se obtendrán admirables resultados y después del ejercicio estará el individuo vigorizado y dispuesto a reanudar provechosamente su trabajo.

Ejercicios de relajación

Otros ejercicios hay a propósito para la relajación, entre los cuales se cuentan los siguientes:

1. Retirar todo el prana de la mano, relajando los músculos, de modo que la mano quede como muerta, colgante de la muñeca. Mover la mano hacia atrás y hacia adelante. Hacer el mismo ejercicio con la otra mano. Después con las dos manos a un tiempo. Con un poco de práctica se dominará el ejercicio.
2. Es más difícil que el precedente. Consiste en relajar dos dedos de modo que parezcan soltarse de su articulaciones. Se ensaya primero con una mano, luego con la otra y después con ambas.
3. Retirar el prana de los brazos y relajarlos de modo que caigan flojos a uno y otro lado. En seguida se balancea el cuerpo dejando que los brazos se columpien por su propio peso como si fuesen mangas de una chaqueta. Se ensaya primero con un brazo, luego con el otro y después con ambos. Este ejercicio puede variarse contorsionando el cuerpo de diversos modos, pero dejando siempre los brazos relajados como mangas sueltas.
4. Se relaja el antebrazo dejándolo como si colgase del codo. Se le comunica un movimiento desde el brazo sin contraer los músculos del antebrazo. Mover el antebrazo en sentido giratorio completamente relajado. Primero un antebrazo, luego el otro y después entrambos.
5. Relajar el pie de modo que parezca soltarse del tobillo. Este ejercicio requiere alguna práctica porque los músculos que mueven el pie están por lo general más o

menos contraídos. Sin embargo, los pies del niño son muy flexibles antes de que se le enseñe a andar. Primero se ejercita un pie, luego el otro y después entrambos.

6. Relajar la pierna, retirando de ella todo el prana y dejándola como colgante de la rodilla. En seguida se le imprime un movimiento de balanceo. Primero una pierna y después otra.

7. Sentarse en un cojín, relajar la pierna desde el muslo, de modo que toda la extremidad abdominal quede como muerta. Primero una pierna y después otra.

8. Levantar los brazos en alto por encima de la cabeza y relajándose se dejan caer por su propio peso a los lados del cuerpo.

9. Levantar la rodilla tan alta como sea posible, y relajándola, dejarla caer por su propio peso.

10. Relajar la cabeza, dejándola caer hacia adelante y darle un movimiento de balanceo con el cuerpo. Después sentarse en una silla, relajar la cabeza y dejarla caer hacia atrás. Desde luego que la cabeza se moverá en todas direcciones en cuanto se le substraiga el prana. Para tener clara idea de la finalidad de este ejercicio no hay más que recordar los movimientos que hace con la cabeza la persona que se duerme sentada.

11. Relajar los músculos de hombros y pecho, dejando caer hacia adelante la parte superior del tórax.

12. Sentado en una silla, relajar los músculos de la cintura de manera que el tronco caiga por su propio peso hacia adelante, como cuando un chiquillo se duerme sentado.

13. Una vez dominados los ejercicios anteriores, si el individuo se ve capaz, puede probar el relajamiento de todo el cuerpo, comenzando por el cuello harta llegar a las rodillas y dejarse caer en el suelo como un montón de carne. Este ejercicio es muy provechoso porque adiestra al cuerpo para evitar el daño que sin esta disciplina física recibirá al resbalar y caer accidentalmente. Se observará que los chiquillos cuando tropiezan y caen reciben más

impresión del susto que del daño, pues como al caer relajan instintivamente el cuerpo, salen indemnes de una caída que lisiaría a un adulto. El mismo fenómeno puede observarse en los beodos, que por haber perdido a causa de la embriaguez todo dominio sobre los músculos, tienen el cuerpo espontáneamente relajado y no se hacen daño al caer al suelo como un montón de carne.

Al practicar estos trece ejercicios no se debe pasar al siguiente sin haber dominado por completo el anterior. Se pueden variar indefinidamente según el ingenio, la inventiva y la habilidad del individuo, pues los expuestos sólo sirven de ejemplares insinuaciones.

Los orientales comprenden la ciencia de la relajación y la practican en su vida diaria.

La práctica de la relajación dará por fruto una valiosa conciencia de dominio propio y de sosiego del ánimo. La idea dominante en la ciencia de la relajación es la fortaleza en el reposo. La consciente relajación apacigua el sistema nervioso, es remedio de la hipertrofia muscular resultante de ejercitar determinado grupo de músculos en el trabajo cotidiano y capacita al individuo para descansar a voluntad y reanudar después con mayor ahínco el trabajo.

Los orientales comprenden la ciencia de la relajación y la practican en su vida diaria. Emprenden viajes que por lo largos y penosos amendrentarían a un occidental, y después de andar muchos kilómetros descansan relajando todo su cuerpo al extremo de que parecen muertos. Si tienen ocasión, descabezan un sueño, y si no, permanecen, despiertos y alerta, con el cuerpo relajado. Una hora de este descanso los restaura mejor que toda una noche de sueño al hombre vulgar. Reanudan el viaje fortalecidos y vigorosos, con renovada vida y energía. Casi todas las razas y tribus nómadas poseen esta facultad de relajación corporal, pero el hombre culto la perdió por haber dejado de hacer largos viajes a pie, y le convendría recobrarla para alivio y remedio de la fatiga y la excitación nerviosa dimanantes de la atareada vida de los negocios que ha substituido a los antiguos éxodos y migraciones con todas sus penalidades.

Desperezo

El desperezo es otro procedimiento de descanso empleado por los yogis. A primera vista parece lo contrario de la relajación, pero en realidad produce análogo efecto, pues distiende los músculos habitualmente contraídos y por medio de éstos llega el prana a todo el organismo y se distribuye por igual en todas sus partes. La Naturaleza nos mueve a bostezar y desperezamos cuando estamos fatigados. Hemos de aprender la lección que nos da en su libro. Hemos de aprender a desperezamos, tanto voluntaria como instintivamente. Sin embargo, no es cosa tan fácil como parece, pues se necesita bastante para obtener provechosos resultados.

Para el desperezo sirven los mismos ejercicios indicados en este capítulo, sin más que desperezar los músculos o distenderlos en vez de relajarlos. Se empieza por los pies y se sigue por las piernas y brazos hasta la cabeza. Se distienden los respectivos músculos de varios modos, retorciendo los pies, piernas, brazos, cabeza y el cuerpo todo, de suerte que se note el beneficio de la distensión. No se ha de tener reparo en bostezar, pues el bostezo es una modalidad de desperezamiento. Por supuesto que al desperezarse habrá tensión y contracción de músculos, pero la utilidad de este proceso deriva de la relajación subsiguiente al desperezamiento. Se ha de tener la idea de dejar hacer y no la del esfuerzo muscular. No es necesario exponer ejercicios especiales de desperezamiento, porque su variedad es tanta que ninguno podría servir de ejemplo. Si se mantiene la idea de un tranquilo y reparador descanso, la misma Naturaleza insinuará lo que se ha de hacer. Sin embargo, la siguiente sugestión servirá para todos los casos: tenderse en el suelo con las piernas abiertas y los brazos también abiertos y extendidos sóbrela cabeza. Enseguida ponerse de pie y desperezarse enérgicamente, como si se quisiera tocar el techo con las manos. Es un ejercicio sencillo pero muy reparador.

Otra modalidad de desperezamiento consiste en sacudir el cuerpo temblorosamente, como hacen los perros de Terranova al salir del agua.

Todos estos procedimientos de relajación, bien comprendidos y practicados, infundirán una sensación de renovada energía, con vivos deseos de reanudar la actividad, por el estilo de cuando se despierta de un profundo sueño nocturno y se acaba de tomar el baño matinal.

Relajación mental

La relajación mental puede aprovechar a quien no haya encontrado utilidad en los anteriores ejercicios de relajación corporal.

Ya sabemos que la relajación física repercute en la mente y la apacigua. También la relajación mental reacciona sobre el cuerpo y lo descansa.

Sentarse tranquilamente en cómoda postura con el cuerpo relajado y la mente abstraída en lo posible de los objetos exteriores y libre de pensamientos que exijan esfuerzo mental. Se concentra la mente en lo interior, en el verdadero ser, pensando en uno mismo como si fuese independiente del cuerpo y lo pudiera dejar sin detrimento de la individualidad. Poco a poco se experimentará una plácida sensación de bienestar, calma y contento. Se ha de distraer completamente la atención del cuerpo físico y enfocarla en el Yo interno, el verdadero ser. Se ha de pensar en los millones de soles que pueblan el espacio, cada uno de ellos centro de un sistema planetario, y mantener la idea de la inmensidad del espacio y de la eternidad del tiempo. Se ha de considerar que la vida reside en infinidad de formas en todos los mundos, y después se ha de pensar en la situación de la Tierra y del hombre con respecto al universo, para admitir que es el hombre como infusorio en gota de agua o insectillo en mota de polvo. Pero enseguida se ha de elevar el pensamiento y reconocer que aunque el hombre sea un átomo del colosal conjunto es también una chispa divina, un espíritu inmortal, indestructible, eterno, una parte indispensable del Todo. Nos hemos de reconocer en contacto con cuanto vive, y que en nosotros palpita la vida universal. Después, restituido el individuo a su plena conciencia y vida ordinaria, notará que tiene el cuerpo vigorizado, la mente lozana y vivos deseos de reanudar su actividad. El viaje por las regiones de la mente tendrá efectos reconfortantes.

Descanso momentáneo

Cuando se está en plena actividad, conviene a veces, para evitar la fatiga, tomarse un momento de descanso mediante el siguiente ejercicio:

1. De pie y erguido, alta la cabeza, hombros atrás y los brazos colgantes a los costados.
2. Levantarse poco a poco de puntillas, cargando el peso del cuerpo sobre el metatarso de los pies, y al mismo tiempo extender los brazos en cruz.
3. Inspirar profundamente según el peso del cuerpo vaya cayendo sobre el metatarso de los pies, y los brazos se extienden en cruz como si se fuera a valar.
4. Después se espira lenta y gradualmente a medida que se vuelva a la postura natural de pie sobre los talones, con los brazos a los costados.
5. Se puede repetir el ejercicio si place la sensación.
6. Al levantar y extender los brazos se notará una sensación de bienestar y entusiasmo que sólo puede comprender el que la experimenta.

24
IMPORTANCIA DE LOS EJERCICIOS FÍSICOS

El hombre, en su primitivo estado, no tuvo necesidad de que nadie lo instruyese en los ejercicios físicos, ni tampoco sienten esta necesidad el niño y el joven normalmente constituidos. La vida del hombre primitivo le proporcionaba variadísima actividad al aire libre, con inmejorables condiciones para el ejercicio. Estaba compelido a buscarse el sustento, a preparárselo, a levantar sus cosechas, a construir sus casas, a acumular combustible y a hacer la multitud de cosas necesarias para vivir con relativa comodidad. Pero a medida que el hombre se fue civilizando, delegó en manos ajenas algunos menesteres y se contrajo a determinado grupo de actividades, hasta que hoy día muchas personas no trabajan corporalmente, mientras que otras sólo se ocupan en penosos trabajos musculares, por lo que unas y otras viven contra las leyes de la Naturaleza.

Mantener el equilibrio

El trabajo corporal sin la actividad mental empequeñece la vida de un hombre y el mismo efecto produce la actividad mental sin el ejercicio físico. La Naturaleza demanda el mantenimiento del equilibrio, la adopción del virtuoso término medio. La vida normal requiere el uso de las facultades físicas y mentales del hombre, y quien unas y otras acertadamente ejercita tiene las máximas probabilidades de gozar de salud y dicha.

Los niños se ejercitan naturalmente en el juego a que los inclina su instinto. El hombre prudente, de profesión sedentaria, la alterna con el saludable ejercicio de los deportes, cuya difusión en estos últimos años denota que no ha muerto en él el instinto natural.

Afirman los yogis que la afición a los deportes, la sentida necesidad del ejercicio, es el mismo instinto que mueve al hombre a abrazar la profesión u oficio adecuados a sus congénitas aptitudes, el llamamiento de la Naturaleza hacia la variada actividad. El cuerpo normalmente constituido ha de estar bien nutrido por igual en todos sus órganos y no puede estar bien nutrido el órgano que no se ejercita, pues recibe menor nutrición a la normal y acaba por debilitarse. La Naturaleza proporciona al hombre en el trabajo y en el deporte el conveniente ejercicio para cada una de las partes de su organismo físico. Por trabajo natural no entendemos el correspondiente a la respectiva profesión u oficio del individuo, pues en este caso sólo ejercita tal o cual grupo de músculos que llegan a hipertrofiarse, y por tanto necesita dicho individuo tanto ejercicio natural como el que está todo el día en el bufete o en el pupitre o en el escritorio.

Los modernos programas de cultura son muy deleznables substitutos del trabajo y ejercicio al aire libre. Carecen de interés y la mente no entra en ellos en actividad como en el caso de los deportes. Sin embargo, en punto a ejercicio físico, siempre vale más algo que nada. Pero protestamos contra la modalidad de cultura física que tiene por único objeto el robustecimiento de determinados músculos y la realización de hazañas de circo. Todo esto es antinatural. El perfecto sistema de cultura física es el que da por resultado organismos equilibrados en que todos los músculos están armónicamente robustecidos, sin atléticas exageraciones; en que todos los órganos reciben la necesaria y suficiente nutrición y en que todo ejercicio se efectúa al aire libre.

Los yogis en su vida cotidiana hermanan el trabajo con el ejercicio. Dan largos paseos por bosques y colinas, pues prefieren residir en parajes montañosos y boscosos, lejos de las llanuras y de las ciudades populosas. Pero también tienen numerosas modalidades de ejercicios corporales que alternan con sus horas de estudio y meditación. No hay nada significativamente nuevo en dichos ejercicios, pues se parecen mucho a los ejercicios de gimnasia sueca, tan predicados en Occidente. Sin embargo, se diferencian en que los yogis usan la mente en conexión con los movimientos gimnásticos. Así como el interés por el trabajo y por el juego pone la mente en acción, asi la relacionan los yogis con sus ejercicios gimnásticos, pues se concentran en ellos y mediante un esfuerzo de su voluntad envían mayor flujo de prana a la parte del cuerpo en movimiento, con lo que obtienen reduplicado beneficio, y unos cuantos minutos de ejercicio gimnástico les rinden diez veces más provecho que una hora del mismo ejercicio realizado indiferentemente, sin pensar en el saludable efecto que debiera producir.

Cuando se está convencido de la posibilidad de que un punto del cuerpo funcione de forma sana, se ordena a la mente que intensifique el flujo de prana en el punto determinado y acreciente allí el riego sanguíneo.

No es difícil adquirir la habilidad de concentrar la mente en el punto del cuerpo que se desee. Todo cuanto se necesita es fe en la posibilidad de enviarla y rechazar toda duda sobre dicha posibilidad. Una vez adquirido este convencimiento, se ordena a la mente que intensifique el flujo de prana en el punto determinado y acreciente allí el riego sanguíneo. La mente hará en parte esta labor sin necesidad de mandato, por natural instinto; pero el esfuerzo de la voluntad intensificará mayormente el resultado. Sin embargo, no es necesario fruncir el ceño ni apretar los puños ni hacer violentos esfuerzos físicos para que la voluntad actúe de tal modo, pues el más sencillo y eficaz medio de lograr el apetecido resultado es tener la expectante confianza, la fe firmísima de que se ha de obtener. Esta expectante confianza equivale a una orden dada imperiosamente a la voluntad, que la pone en acción y se realiza el propósito.

Por ejemplo, si deseamos acrecentar el flujo de prana en el antebrazo e intensificar en esta parte del cuerpo el riego sanguíneo y por tanto la nutrición, hemos de doblar el brazo y en seguida irlo extendiendo poco a poco mientras concentramos la vista y atención en el antebrazo, con el pensamiento fijo en la obtención del apetecido resultado. Repitiendo varias veces la operación, se notará mayor fortaleza y vigor en el antebrazo, a pesar de no haber hecho esfuerzo alguno ni empleado aparatos gimnásticos. Si se ensaya este método en cualquier otra parte del cuerpo, haciendo algún movimiento muscular para fijar la atención, muy pronto se tendrá la clase del ejercicio y será posible efectuarlo poco menos que automáticamente.

Hay que infundir vital interés en el ejercicio y evitar la indiferente y mecánica manera con que suelen efectuarse los ejercicios gimnásticos. Se ha de poner vigor y gozo en ellos. De esta suerte allegarán tanto provecho la mente como el cuerpo, y al terminar el ejercicio se experimentará un placer tan vivo como nunca.

En una palabra: siempre que se haga algún ejercicio, hay que pensar en lo que se hace y para qué se hace, y se logrará el propósito deseado.

En el capítulo siguiente señalamos algunos ejercicios a propósito para poner en movimiento cada uno de los órganos y miembros del cuerpo y darle la flexibilidad, la gracia, la euritmia y gallardía de un yogi en combinación con la agilidad y el vigor de un atleta. Parte de estos ejercicios constan de movimientos orientales adaptados al uso occidental, junto con otros adoptados por los gimnastas militares de los ejércitos de Europa y América, que estudiaron los movimientos de Oriente y establecieron un método que puede practicarse en pocos minutos con mucho mayor provecho que los prolijos y costosos métodos de la cultura física profesional. No por lo sencillos se han de desdeñar dichos ejercicios, pues precisamente su brevedad y máxima eficacia les dan incalculable ventaja sobre los complicados métodos de la gimnasia de aparejo. Conviene ensayar los ejercicios durante algún tiempo para comprender su utilidad, y una vez comprendida renovarán físicamente a quien se tome el tiempo y el trabajo necesarios para practicarlos escrupulosamente.

25
EJERCICIOS FÍSICOS

Sin interés, todo ejercicio físico será infructuoso. Es necesario interesarse por el ejercicio y poner en él algo del pensamiento. Hay que aficionarse al ejercicio y pensar en lo que significa. Quien siga este consejo obtendrá un provecho multiplicado de su labor.

Posición derecha

Al comenzar cada ejercicio debe colocarse el individuo en posición natural: los pies juntos, de modo que se toquen los talones; la cabeza erguida, la vista al frente; los hombros hacia atrás, pecho saliente; abdomen algo retraído; brazos a los costados.

Ejercicio I

1. Extender ambos brazos hacia el frente, al nivel de los hombros, juntando las palmas de las manos.
2. Colocar los brazos en cruz en línea recta con los hombros o un poco más atrás si es posible sin esfuerzo.
3. Volver rápidamente a la primera posición.
4. Repetir varias veces el movimiento.

Deben moverse los brazos con mucho aire y mucha vida. Después del ejercicio no se ha de dormir, pues conviene seguir despiertos. Es un ejercicio utilísimo para robustecer el pecho, los hombros y los brazos. Al poner los brazos en cruz convendrá levantarse de puntillas y reasentar los pies al volver a la primera posición. Los movimientos repetidos han de ser rítmicos como las oscilaciones de un péndulo.

Ejercicio II

1. Extender los brazos hacia el frente con las manos abiertas.
2. Trazar con las manos doce círculos en el aire, manteniendo los brazos lo más atrás posible, a fin de que al trazar los círculos no pasen las manos por delante del pecho.

Este ejercicio favorece la completa inspiración, de aire, de acuerdo con la práctica yoguística, y la retención del aliento hasta trazar los doce círculos. Robustece el pecho, hombros y espaldas. Hay que practicarlo con mucho ánimo e interés.

Ejercicio III

1. Extender los brazos hacia el frente con las palmas de las manos hacia arriba, de modo que se toquen los dedos meñiques.
2. Conservando el contacto de los meñiques, imprimir a las manos un movimiento circular hasta que las puntas de los dedos de ambas manos toquen el occipucio, con los pulgares hacia abajo, de suerte que los codos queden en recta orientación hacia uno y otro lado.
3. Después de permanecer un momento los dedos en la indicada posición, se echan los codos hacia atrás, de suerte que también se echen atrás los hombros, y se bajen entonces los brazos en movimiento oblicuo hasta quedar en la posición inicial de a pie firme.

Ejercicio IV

1. Extender los brazos en cruz.
2. Doblar los brazos por el codo, y mover el antebrazo hasta tocar los hombros con las puntas de los dedos.
3. Sin alterar la posición de los dedos, esforzarse para que se toquen los codos.
4. Manteniendo los dedos en la misma posición, separar los codos tanto como sea posible.
5. Colocar los codos en la posición frontera y volverlos atrás, repitiendo el movimiento varias veces.

Ejercicio V

1. Colocar las manos en las caderas, con los pulgares atrás y los codos hacia la espalda.
2. Inclinar el tronco hacía adelante de caderas arriba, con el pecho afuera y hombros atrás.
3. Volver el cuerpo a la primera posición sin quitar las manos de las caderas y en seguida inclinarlo hacia atrás. En

estos movimientos han de permanecer quietas las rodillas y se han de efectuar pausadamente.

4. Con las manos todavía en las caderas, inclinar suavemente el cuerpo hacia la derecha, manteniéndose a pie firme, sin doblar las rodillas ni contorsionar el cuerpo.
5. Volver a la primera posición, y enseguida inclinar suavemente el cuerpo hacia la izquierda, observando las precauciones indicadas en el movimiento número.
6. Con las manos en las caderas mover el tronco y cabeza en sentido circular, sin mover los pies ni las rodillas.

Este ejercicio es muy fatigoso y no se debe exagerar en un principio, sino proceder gradualmente.

Ejercicio VI

1. Derecho, a pie firme, levantar los brazos sobre la cabeza y las manos abiertas de modo que se toquen los pulgares.
2. Sin doblar las rodillas, inclinar el tronco hacia adelante desde la cintura, con intento de tocar el suelo con la punta de los dedos, sin doblar las rodillas ni los brazos. Este movimiento será muy difícil al principio, por lo que se ha de hacer lo que se pueda hasta completarlo.
3. Levantarse y repetir varias veces el mismo ejercicio.

Ejercicio VII

1. Derecho, a pie firme, con las manos en las caderas, levantarse de puntillas varias veces con movimiento semejante al de un resorte. Un momento de pausa mientras se está en puntillas y volver a la posición de a pie firme. Los talones juntos y rodillas inflexibles. Este ejercicio es muy a propósito para robustecer las pantorrillas y causará algún escozor las primeras veces que se practique.
2. Con las manos en las caderas, separar los pies unos 60 cm, ponerse luego en cuclillas, detenerse un momento y volver a la primera posición. Repetir el ejercicio varias

veces, pero no demasiado a menudo al principio, pues se sentirá algo de escozor en los muslos, cuya parte del cuerpo robustece. El segundo movimiento será más eficaz si se carga el peso del cuerpo sobre el metatarso en vez de sobre los talones.

Ejercicio VIII

1. A pie firme con las manos en las caderas.
2. Balancear la pierna derecha en oscilación hacia adelante unos 40 cm con la rodilla por eje y la punta del pie algo inclinada, pero con la planta horizontal. Después se balancea la pierna hacia atrás hasta que la punta del pie toque el suelo.
3. Repetir varias veces ambas oscilaciones.
4. Hacer lo mismo con la pierna izquierda.
5. Con las manos en las caderas levantar la pierna derecha doblando la rodilla hasta que el muslo quede en línea recta o algo más levantado si es posible.
6. Volver a colocar el pie en el suelo y hacer el mismo movimiento con la pierna izquierda.
7. Repetir el movimiento varias veces, primero con una pierna y después con otra, lentamente al principio y aumentando poco a poco la velocidad hasta que parezca dar un trote pausado sin moverse del sitio.

Ejercicio IX

1. Derecho, a pie firme, con los brazos extendidos hacia el frente, las palmas de las manos hacia abajo, los dedos extendidos menos los pulgares, que estarán replegados bajo la palma, y las manos en contacto lateral.
2. Inclinar el tronco hacia adelante, desde las caderas, tanto como sea posible, y al mismo tiempo mover los brazos adelante y hacia abajo, en actitud rígida y sin doblar las rodillas.

3. Volver a la posición primitiva y repetir varias veces el ejercicio.

Ejercicio X

1. Colocar los brazos en cruz y mantenerlos rígidos con las manos abiertas.
2. Cerrar fuertemente las manos con un rápido movimiento, y oprimir los dedos contra la palma.
3. Abrir las manos rápida y violentamente, extendiendo los dedos tanto como sea posible y en forma de abanico.
4. Cerrar y abrir las manos varias veces según queda expuesto y con la mayor rapidez posible.

Se ha de hacer este ejercicio con vivo entusiasmo, pues resulta eficacísimo para robustecer los músculos de la mano y adquirir destreza manual.

Ejercicio XI

1. Tenderse de bruces, extender los brazos sobre la cabeza en posición arqueada y las piernas a lo largo y levantadas hacia atrás y hacia arriba. Esta posición es análoga a la de un cristal de reloj colocado por la parte cóncava sobre una mesa, de modo que el borde quede hacia arriba.
2. Bajar y levantar brazos y piernas varias veces.
3. Volverse de espaldas, o sea colocarse boca arriba con los brazos extendidos sobre la cabeza, de modo que el reverso de los dedos toque el suelo.
4. Levantar ambas piernas desde la cintura hasta que estén derechas como mástiles de un barco, mientras el resto del cuerpo y brazos permanecen tendidos boca arriba. Bajar y volver a levantar las piernas varias veces.
5. Reasumir la posición 3 tendido de espaldas todo lo largo del cuerpo, con los brazos extendidos sobre la cabeza y el dorso de los dedos en contacto con el suelo.

6. Colocarse poco a poco en postura sedente, con los brazos extendidos hacia adelante. Después volver lentamente a la posición supina y repetir varias veces el movimiento de incorporarse y acostarse.
7. Colocarse de nuevo en posición de bruces, con el cuerpo rígido de cabeza a pies, y extender los brazos hacia adelante con las manos abiertas, de modo que el peso del cuerpo descanse por un extremo sobre la palma de las manos y por el otro lado sobre los dedos de los pies. Poco a poco se doblan los brazos por el codo, de suerte que el pecho toque el suelo; pero entonces se vuelven a extender los brazos, se levanta el pecho, y todo el peso del cuerpo cargará sobre los brazos, con los dedos de los pies como un quicio. Este último movimiento es algo difícil y no se debe exagerar al principio.

Reducción del abdomen

Cuando el abdomen se abulta, por acumulación de grasa conviene reducirlo por el siguiente ejercicio, practicado con moderación y sin apresuramientos:

1. Exhalar completamente el aliento, pero sin esforzarse.
2. Retraer y levantar el abdomen tanto como sea posible.
3. Detenerse un momento y volverlo a su posición natural.
4. Repetir varias veces, respirar y descansar un poco.
5. Retraer y levantar varias veces el abdomen.
6. Dar un suave masaje al abdomen.

Este ejercicio dará admirable dominio sobre los músculos entumecidos, y además de reducir el tejido adiposo del abdomen fortalecerá los músculos del estómago.

Ejercicio de apostura

Sirve para dar gallardía y donosura al cuerpo en sus diversas actitudes y posiciones naturales de sentarse, estar de pie o andar, evitando el mirar cabizbajo y los pasos tambaleantes. Si se practica cumplidamente este ejercicio dará airosa apostura al cuerpo, de modo que todas sus partes estén equilibradas en debida forma. Este mismo ejercicio o alguna de sus variantes emplean los instructores militares para dar el aire marcial a los cadetes; pero sus efectos quedan en tal caso adulterados por otros ejercicios de índole contraria. He aquí el ejercicio:

1. Derecho, a pie firme, con los talones juntos y las puntas de los pies ligeramente hacia afuera.
2. Levantar los brazos por ambos lados con movimiento circular, hasta que las manos se encuentren sobre la cabeza y se toquen los pulgares.
3. Con las rodillas firmes, el cuerpo rígido y sin doblar los codos, bajar lentamente las manos con un movimiento lateral circular hasta llegar a los lados de las piernas, de modo que sólo las toque el dedo meñique y las palmas de las manos miren hacia el frente. El soldado al cuadrarse toca con el meñique la pestaña o costura del pantalón.
4. Repetir varias veces el movimiento sin apresurarse. Con las manos en la última posición, colocadas allí por el movimiento indicado, es muy difícil que los hombros se comben hacia adelante. El pecho sale algún tanto; la cabeza está erguida; el cuello derecho; la espalda en posición natural y las rodillas rectas. En suma, se adquiere con este ejercicio una gallarda apostura, que conviene conservar a fin de emprender el ejercicio de marcha con el meñique en la costura del pantalón.

Este ejercicio requiere perseverancia, pero al cabo de algún tiempo de práctica da resultados maravillosos.

El sistema de ejercicios que acabamos de exponer es sencillo y sin pretensiones, pero de maravillosos resultados, pues pone en acción todo el organismo y parece como si por completo lo renovara. Se ha de tomar interés por los ejercicios y poner la mente en ellos, teniendo siempre en cuenta la finalidad, que es la de fortalecer y vigorizar el organismo corporal. No se han de practicar los ejercicios inmediatamente antes ni después de comer, ni tampoco se ha de llegar en ellos a la fatiga, sino que al principio han de ser muy pocas las repeticiones e ir aumentando el número a medida que se practiquen con mayor facilidad. Vale más distribuir los ejercicios en varias horas del día que acumularlos en una hora determinada. El sencillo sistema de cultura física que hemos expuesto será más beneficioso que cualquiera de las costosas lecciones dadas en los gimnasios o por correspondencia. Son ejercicios modernos, corroborados por la experiencia. Son tan sencillos como eficaces. Quien los practique será fuerte y vigoroso.

26
El baño según los yogis

Parecería innecesario dedicar un capítulo de este libro a la importancia del baño, pero aun en el siglo xx hay multitud de gentes que no entienden ni media palabra sobre el particular. En las ciudades populosas, el fácil acceso a la bañera ha inclinado a las gentes, en cierta medida, al parcial uso del agua en la superficie del cuerpo; pero en las poblaciones rurales y en los barrios bajos de las ciudades no ocupa el baño el lugar que la higiene le señala en la vida moderna. Por lo tanto, creemos conveniente llamar la atención sobre el asunto y explicar por qué los yogis dan tanta importancia a la limpieza del cuerpo.

La necesidad de los baños

En estado natural no necesitaba el hombre bañarse con frecuencia porque, como iba desnudo, la lluvia le limpiaba el cuerpo, y el roce de las hojas de los árboles y arbustos le quitaban de la piel los desgastes que de continuo expele este órgano. Además, el hombre primitivo, como los animales, siempre tenía a su disposición corrientes de agua y seguía el natural instinto que le movía a zambullirse en ella. Pero el uso de los indumentos cambió todo esto, y aunque la piel sigue excretando materias desgastadas, ya no puede el hombre eliminarlas por el primitivo procedimiento, sino que se van acumulando sobre la epidermis y le ocasionan sufrimientos y enfermedad. La piel puede estar sucia y sin embargo parecer limpia a simple vista. Si la observáramos con un cristal de de mucho aumento, veríamos con asombro montoncitos de desechos.

Cuanto mayor es el uso del baño, más alto el nivel de cultura, y cuanto menos el uso, más bajo el nivel.

El baño ha sido practicado por todos los pueblos con pretensiones de cultura y civilización; y en efecto, cabe decir que el uso del baño da la medida de la cultura de una nación. Cuanto mayor es el uso del baño, más alto el nivel de cultura, y cuanto menos el uso, más bajo el nivel.

Los pueblos antiguos llevaron el uso del baño a extremos ridículos, apartándose de los métodos naturales y usando los baños perfumados.

Para griegos y romanos era el baño un requisito de la vida decorosa, y muchos pueblos antiguos aventajaban respecto a esto a la moderna civilización.

El pueblo japonés sobresale hoy entre todos los del mundo en cuanto al reconocimiento de la importancia del baño y su puntual práctica. Los japoneses pobres preferirían no comer a quedarse sin baño. Se puede ir en el rigor del verano a una ciudad japonesa de densa población, y no se notará el repugnante olor que en Europa y América exhala el gentío.

En algunos pueblos, el baño era y sigue siendo una práctica religiosa, pues los sacerdotes reconocían su importancia y sabían que exigiéndolo en rito religioso entraría de lleno en las costumbres populares.

Aunque los yogis no consideran el baño como rito religioso, lo practican como si lo fuera.

Veamos por qué es necesario el baño. Pocos son los que del todo lo entienden, pues por lo general se creé que el baño sólo sirve para limpiar la piel; y sin embargo, algo más hay que la limpieza.

Ya tratamos en otros capítulos de la importancia de la transpiración normal, y dijimos que si se obstruyen los poros de la piel, no puede el organismo valerse de este órgano para expulsar los desechos, como los expulsa por los pulmones y ríñones. Así es que muchos sobrecargan de trabajo a los riñones, y los obligan a hacer su obra y además de la de la piel, pues la Naturaleza prefiere que un órgano reduplique su trabajo a que la función quede sin desempeñar. Cada poro es la desembocadura de un canalículo que llega hasta el fondo de la dermis y se llama conducto sudorífico. En cada centímetro cuadrado de la superficie de la piel hay unos 500 poros que continuamente transpiran el líquido llamado sudor, procedente de la sangre, de constitución análoga a la de la orina y cargado de desechos del organismo, pues conviene recordar que el cuerpo está renovando continuamente sus células y ha de eliminar las muertas, como se extraen diariamente las bajuras de una casa. La piel es uno de los órganos de eliminación. Si los desechos se dejan acumular en el organismo, siguen de paso a los gérmenes morbosos, y por esto la Naturaleza ansia desprenderse de ellos. La piel también exuda un líquido oleaginoso que la lubrica y mantiene suave y flexible.

La contextura de la piel se está renovando continuamente, como la de los demás órganos del cuerpo. La epidermis o piel externa consta de células de corta vida, que al morir vienen a sustituirlas otras nuevas, las cuales se abren camino por debajo de las muertas, y éstas forman una especie de costra en la superficie de la piel si no se las elimina. Desde luego que el roce de los vestidos desprende gran número de ellas, pero quedan muchas más que es preciso eliminar por medio del baño.

En el capítulo referente al baño interno ponderamos la importancia de mantener abiertos los poros de la piel, pues moriría quien los tuviese todos obstruidos, según casos que refiere la historia. La acumulación de desechos, grasa, polvo y saciedad amenaza formar una especie de engrudo que obstruye los poros de la piel si no se limpia el cuerpo. Además, la acumulación áe desechos en la piel favorece el desarrollo de gérmenes morbosos. Desde luego que una persona medianamente aseada no consentiría en su cuerpo la suciedad procedente del exterior; pero no todos tienen en cuenta que los desechos procedentes del organismo forman en la piel una suciedad tan nociva como la que se pueda tomar del exterior.

Todos debieran lavarse el cuerpo por lo menos una vez al día. No precisamente se ha de tomar el baño diario, pero es indispensable un buen lavado con una palangana y una toalla si no se dispone de bañera. La mejor hora para este lavado es por la mañana al levantarse de la cama. También es provechoso el baño antes de acostarse, pero nunca inmediatamente antes o después de comer o cenar. Se ha de frotar la piel con una tela recia empapada en agua para eliminar la suciedad y estimular al propio tiempo la circulación. Nunca se ha de tomar un baño frío cuando el cuerpo esté frío, pues en este caso hay que hacer antes ejercicio para entrar en calor. En toda clase de baños, pero sobre todo en los de inmersión, es necesario previamente mojarse la cabeza y después el pecho.

Después de tomar un baño de inmersión acostumbran los yogis a frotarse el cuerpo vigorosamente con las manos, en vez de con toalla, y en seguida vestirse, aunque la piel esté todavía húmeda. Lejos de producir este procedimiento escalofríos, como pudiera suponerse, da un resultado contrario, pues inmediatamente después de vestirse se nota una sensación de abrigo y bienestar que se acrecienta con el ejercicio practicado por los yogis después del baño. Este ejercicio nunca es violento en cuanto el cuerpo entra en calor.

Los yogis se bañan o lavan con agua fresca, pero no fría. Se frotan la piel con ambas manos y entretanto practican la respiración profunda. En el rigor del invierno no toman baño de cuerpo entero, sino que se lavan con una toalla mojada y después se frotan vigorosamente con las manos. Así determinan una enérgica reacción que produce el magnético calor del cuerpo una vez vestido.

El resultado de esta clase de baños cuando puntualmente se toman es fortalecer el organismo, robustecer los músculos y evitar resfriados y pulmonía. Quien practique este procedimiento hidroterápico será fuerte como el roble que desafía las inclemencias del tiempo. Pero se ha de tener la precaución de no tomar al principio baños demasiado fríos, sobre todo si el individuo no disfruta de mucha vitalidad. Por de pronto, ha de estar el agua a temperatura agradable y poco a poco irse acostumbrando por grados a la fría, pues el lavado matinal no ha de ser un sufrimiento ni una penitencia, sino un placentero refrigerio, y cuando se haya acertado con la temperatura del agua ya no se querrá alterarla.

La loción matinal mantendrá entonado el cuerpo todo el día, y aunque al ponerse la ropa sobre la piel todavía algo húmeda se note un poco de frío, muy luego sobrevendrá la agradable reacción que haga entrar el cuerpo en calor. En el caso de tomar el baño en la bañera, en vez de la loción y lavado, sólo se ha de permanecer un minuto dentro del agua, frotándose sin cesar el cuerpo con ambas manos.

Quien se aplique estas lociones matinales no necesitará baños de agua tibia, aunque de cuando en cuando le convenga una saludable enjabonadura. Sin embargo, si toma el baño tibio, se ha de frotar la piel de arriba abajo y vestirse después de haberse secado cuidadosamente.

Los que andan mucho o por razón de su profesión están de pie muchas horas (delineantes, cajistas, albañiles, pintores, etcétera), encontrarán alivio y dormirán descansadamente si toman un pediluvio antes de irse a la cama por la noche.

No hay que olvidar este capítulo tan pronto como se haya leído, sino seguir el expuesto procedimiento, tan provechoso que una vez probado ya no se abandonará jamás.

Ejercicio de lavatorio

Para obtener mucho mejores resultados del lavatorio matinal, le ha de preceder un muy fortalecedor ejercicio que conservará durante todo el día el provecho allegado por el agua, pues intensifica la circulación, distribuye uniformemente el prana por todo el cuerpo después del descanso nocturno y pone al cuerpo en la condición más favorable para el lavatorio.

Ejercicio preliminar

1. Derecho, a pie firme, en posición militar, alta la cabeza, vista al frente, hombros atrás y manos a los lados.
2. Levantarse de puntillas mientras se hace pausadamente una profunda inspiración.
3. Retener el aliento unos cuantos segundos sin variar de postura.
4. Volver poco a poco a la primera posición espirando lentamente por la nariz.
5. Practicar la respiración purificadora.
6. Repetir el ejercicio varias veces alternando ambas piernas en la posición de puntillas.

Terminado este ejercicio, se aplica la loción o lavatorio según queda dicho en las páginas precedentes. Al efecto se llena una palangana de agua fresca, pero no fría, a temperatura agradable. Se moja una toalla recia, se escurre la mitad del agua empapada, y se empieza a frotar el pecho y hombros, después la espalda, siguiendo por el abdomen, muslos, piernas y pies, hasta que todo el cuerpo quede vigorosamente frotado. Se va escurriendo varias veces sobre el cuerpo el agua de la toalla, y se hacen pausas de un segundo para respirar profundamente. Toda la operación se ha de hacer sin apresurarse. Al principio la sensación del agua fresca ocasionará un estremecimiento, pero no tardará en acostumbrarse la piel a dicha sensación y la encontrará agradable. No se ha de cometer la imprudencia de usar, desde luego, el agua fría, sino ir disminuyendo gradualmente la temperatura hasta acertar con la más conveniente.

Si se prefiere el baño al lavatorio, se llena media bañera con agua a la apropiada temperatura, y arrodillado en ella mientras se hace la frotación del tronco, se sumerge después todo el cuerpo durante un minuto a lo sumo.

Tanto en uno como en otro procedimiento se ha de frotar vigorosamente el cuerpo con ambas manos varias veces, pues hay en las manos desnudas una virtud que no se encuentra en la esponja ni en la toalla. Se deja la epidermis algo húmeda y en seguida se viste el individuo, que se sorprenderá de entrar un poco en agradable calor.

Después de vestirse se practica en ambos casos el siguiente:

Ejercicio final

1. Derecho y a pie firme, extender los brazos al frente con los puños cerrados que se toquen uno con otro.
2. Se mueven los brazos hasta colocarlos en cruz al nivel de los hombros o un poco más atrás si fuera posible sin esfuerzo. Este movimiento ensancha la parte superior del pecho. Se repite varias veces y se descansa un poco.
3. Reasumir la posición 2 con los brazos extendidos en cruz y se hace un movimiento circular con ambos puños en sentido de frente a la espalda y después a la inversa, como las aspas de un molino de viento. Se repite varias veces.
4. De pie, derecho, se levantan las manos abiertas por encima de la cabeza de modo que se toquen los pulgares, y sin doblar las rodillas tocar el suelo con la punta de los dedos o acercarse a ello todo lo posible y volver a la primera posición.
5. Levantarse sobre los metatarsos o sobre la punta de los pies, haciendo varias veces este movimiento como impulsado por un resorte.
6. De pie, derecho, separar los pies a la distancia de 60 centímetros; ponerse en cuclillas y volver en seguida a la primera posición.

7. Repetir varias veces los movimientos 1 y 2.
8. Terminar con la respiración purificadora.

Este ejercicio no es tan complicado como parece inferirse de su descripción. En rigor, están combinados cinco ejercicios, cada uno dé los cuales es de muy sencilla ejecución. Así vemos que se ha de estudiar y dominar cada parte del ejercicio antes de tomar el baño, pues una vez dominado el ejercicio por entero podrá efectuarse en poco rato con la facilidad con que funciona un mecanismo de relojería. Es un ejercicio muy vigorizador que pone en actividad todo el organismo y parece renovarlo.

El lavatorio de la parte superior del cuerpo, de cintura arriba, al levantarse por la mañana, da fuerza y vitalidad durante el día. mientras que el lavatorio del cuerpo de cintura abajo, incluso los pies, proporciona un sueño apacible y es muy restaurador.

27
ENERGÍA SOLAR

El lector estará más o menos familiarizado con los principios fundamentales de la astronomía. Así sabrá que aun en la infinitesimalmente pequeña porción del universo que conocemos por el sentido de la vista amplificado e intensificado mediante el telescopio, hay millones de astros, cada uno de los cuales es igual y a veces mayor que el que gobierna nuestro sistema planetario. Cada sol es el centro de energía de su respectivo sistema planetario. Nuestro sol es el más intenso radiador de energía de nuestro sistema planetario, que consta de varios planetas conocidos de la ciencia y de otros no descubiertos aún por los astrónomos, siendo la Tierra uno de los conocidos.

El prana del sol

Nuestro sol, lo mismo que los demás soles, está irradiando continuamente energía en el espacio, con la que vitaliza a los planetas circundantes y posibilita la vida en ellos. Sin los rayos de sol sería imposible en la Tierra ni aun la más sencilla forma de vida que conocemos. Del sol recibimos la fuerza vital a la que los yogis llaman prana, que está por doquiera, aunque ciertos centros la absorben y la vuelven a irradiar para mantener una corriente continua de dicha energía. Así también la electricidad está por doquier, y sin embargo se necesitan dinamos y otros centros análogos de absorción e irradiación para establecer la corriente eléctrica. Entre el sol y sus planetas fluye una continua corriente de prana.

Se supone generalmente y la ciencia no lo contradice, que el sol es una masa de fuego incandescente, una especie de ardentísimo horno que irradia la luz y el calor que recibimos. Pero los filósofos yogis afirman, contrariamente, que aunque la constitución del sol o mejor dicho las condiciones allí prevalecientes sean tan distintas de las dominantes en la tierra, con mucha dificultad podrá formar de ellas concepto exacto la mente humana, pues no es el sol una masa ígnea a manera de bola de hierro candente o de ascua de carbón, sino que está constituido por ciertas substancias análogas al cuerpo químico llamado radio. No dicen los yogis que el sol esté compuesto de radio, sino desde hace siglos afirman que está constituido por numerosas substancias o modalidades de materia con propiedades análogas a las de la substancia llamada radio en Occidente.

No intentamos explicar ni describir qué es el radio, sino tan sólo exponer que posee ciertas propiedades y cualidades que según los yogis son en diversos grados las mismas de las substancias componentes de la materia solar. Es muy posible que también se encuentren en la Tierra algunas de las substancias solares análogas al radio, pero con ciertas diferencias.

La materia solar no está derretida ni en combustión ordinaria, sino que continuamente atrae a sí corrientes de prana dimanantes de los planetas, y después de transmutarlo por algún maravilloso procedimiento de la Naturaleza lo devuelve a los planetas. Ya sabemos que el aire es la fuente principal de donde extraemos el prana, pero el aire lo recibe del sol. Dijimos que en nuestros alimentos hay prana que de ellos extraemos y utilizamos, pero los vegetales reciben el prana del sol, que es el gran depósito de esta primordial energía para su sistema, al que como potente dínamo sin cesar envía vibraciones y posibilidades la vida física.

No trataremos de la admirable obra del sol, conocida de los más adelantados yogis, y sólo apuntamos el asunto para dar a entender lo que es el sol y lo que significa para todos los seres vivientes. Nuestro objeto se limita a exponer que los rayos del sol están llenos de vibraciones de energía y vida que utilizamos en todos los momentos de nuestra vida, aunque no sabemos por lo general utilizarlas en el mayor grado posible. Los modernos pueblos civilizados tienen aversión al sol. Resguardan sus habitaciones con persianas y cortinas, se cubren con vestidos que intercepten o rechacen los rayos solares y rehuyen su acción. Sin embargo, conviene advertir que al hablar de los rayos del sol no aludimos a su calor, pues el calor proviene del contacto de los rayos del sol con la atmósfera terrestre, pues fuera del radio de esta atmósfera, en las regiones interplanetarias, es intensísimo el frío, porque los rayos del sol no encuentran resistencia. Así es que al decir que conviene allegar beneficio de los rayos del sol, no significa que sea preciso exponerse al ardiente calor del sol meridiano en el rigor del estío.

Hay que desechar la mala costumbre de huir de la luz del sol. Ha de entrar el sol en los aposentos sin temor de que la luz decolore las alfombras y tapices. No se han de tener cerradas las mejores piezas de la casa como bodegas o cuevas donde jamás brilla la luz del sol. Por la mañana se han de abrir balcones y ventanas para que la luz del sol directa o refleja penetre en los aposentos, con lo que será saludable, vigorizante y vitalizadora la atmósfera doméstica.

Tomad el sol un rato cada día y caminad por el lado del sol al ir por la calle, excepto en el rigor del verano y a las horas del mediodía. Tomad de cuando en cuando un baño de sol a cuerpo desnudo si las circunstancias lo permiten, pues los baños de sol tomados según las reglas de la helioterapía son un enérgico tónico del organismo. No desdeñéis irreflexivamente esta insinuación, sino probad el beneficioso efecto de las vibraciones solares en el organismo físico. Quien padezca de alguna dolencia localizada hallará mucho alivio si expone al sol la parte del cuerpo afectada, pero siempre con estricta sujeción a los principios fundamentales de la helioterapía, pues si procede empíricamente y a capricho arriesga sufrir tremendos fracasos.

Los rayos matutinos del sol son los más beneficiosos, pues según adelanta el día decrecen los efectos vitales del sol. Así se comprende que las plantas de un arriate que reciban los rayos matutinos del sol crecen y medran mucho más lozanas que las del otro arriate al que sólo llegan los rayos del sol poniente o que sólo reciben indirectamente la luz solar.

El sol y el aire son admirables tónicos.

Los jardineros y los aficionados a las flores saben de sobra que el sol es tan indispensable como el aire, el agua y el suelo. Si volviéramos el regazo de la madre Naturaleza aprenderíamos provechosas lecciones. El sol y el aire son admirables tónicos. ¿Por qué no aprovecharlos mejor?

Ya dijimos que la mente humana podía absorber del aire, del agua y de los alimentos mayor cantidad de prana que de ordinario.

También es posible extraer mayor cantidad de prana de los rayos del sol mediante la apropiada actitud mental. Al efecto se da un paseo al sol por la mañana, con la cabeza alta, la vista al frente y atrás los hombros, respirando varias veces profundamente para extraer del aire el prana recibido del sol. Al cabo de un rato de baño solar, se forja la imagen mental sugerida por las palabras del siguiente soliloquio o de otro análogo: «Me baño en el hermoso fulgor de la Naturaleza y de él absorbo la vida, salud, fuerza y vigor. Me infunde fortaleza y energía. Siento el influjo de prana que circula por todo el organismo de cabeza a pies y vigoriza todo mi cuerpo. Amo al sol y recibo todos sus beneficios.»

Praticad este ejercicio siempre que se os presente la oportunidad y entonces echaréis de ver los benéficios desaprovechados durante el tiempo que rehuísteis el trato del sol. No hay que exponerse al ardiente sol del verano riguroso, pero muy saludables son los matinales rayos solares de invierno, primavera, otoño y el suave verano.

28
Aire fresco

No hay que pasar por alto este capítulo porque trata de un asunto al parecer trivial, pues acaso quien por alto lo pasara tendría mayor necesidad de leerlo. Los que algo saben de la importancia del aire fresco y de sus beneficiosos efectos, seguramente no pasarán por alto este capítulo, aunque de sobra sepan cuanto digamos, sino que lo leerán gozosos de reiterar las conocidas verdades.
En otros capítulos tratamos de la importancia de la respiración desde ambos puntos de vista: exotérico y esotérico. Pero no vamos a repetir el tema, sino tan sólo a representar la necesidad de puro y abundante aire que por desgracia escatiman los países occidentales por la viciosa costumbre de mantener cerrados herméticamente los dormitorios y confinar el aire en las habitaciones.

La ventilación

Dormir en aposentos cerrados sin suficiente ventilación es de lo más estúpido que cabe imaginar, y no se concibe cómo duermen en estrechas alcobas quienes conocen el mecanismo de la respiración. Examinemos brevemente este asunto a la luz del sentido común.

Recordaremos que los pulmones están constantemente exhalando desechos del organismo, y el acto de la espiración puede considerarse como un barrendero del organismo que saca afuera los desgastados materiales. Los que eliminan los pulmones son tan inmundos como los eliminados por la piel, los riñones y aun por los intestinos.

Lo dicho acerca de la respiración saludable no servirá de nada si no se dispone de aire fresco para respirar.

Si no se le proporciona al organismo agua caliente, la Naturaleza obliga a los pulmones a hacer gran parte de la obra de los riñones y expulsar sucios desechos del cuerpo. Además, si los intestinos no funcionan normalmente, el organismo absorbe parte de los desechos estancados en el colon que buscan salida y la encuentran por los pulmones, cuya espiración es entonces fétida.

Por lo tanto, si para dormir nos recluimos en un aposento cerrado en que sea escasa o nula la renovación del aire, tengamos en cuenta que arrojamos al ambiente del cerrado dormitorio o de la estrecha alcoba nada menos que treinta litros de anhídrido carbónico y vapor de agua cargados de desechos cada hora, por lo que en ocho horas suman 240 litros, y si duermen dos personas en el mismo aposento serán 480 litros de exhalaciones que infectarán el ambiente de la alcoba hasta hacerlo irrespirable. No es extraño que a la mañana siguiente se note un repugnante olor en la alcoba cerrada ni tampoco es extraño que quien haya dormido en ella se encuentre como atontado y flojo, con la cabeza pesada.

Conviene advertir que el sueño sirve para reparar las fuerzas consumidas en la actividad del día, pues al cesar el trabajo cotidiano le damos al organismo ocasión de restaurarse, a fin de que esté dispuesto a reanudar la actividad a la mañana siguiente, y para ello lo menos que se requiere es la normalidad de condiciones y circunstancias. Así espera el organismo que se le suministre suficiente cantidad de aire puro, con la debida proporción de oxígeno y cargado de prana, en vez de darle una muy escasa porción de aire contaminado con los desechos fisiológicos. Así no es extraño que el organismo funcione deficientemente.

El ambiente de los dormitorios ha de ser tan puro como el del campo abierto, sin temor de que por ello se pille un resfrío, pues se ha de tener en cuenta que el más moderno tratamiento de la tuberculosis coloca al paciente al aire libre aun durante las noches invernales. Si se está bien abrigado en la cama no hay que recelar al dormir con la ventana abierta, pues en cuanto uno toma esta costumbre ya no siente frío. Hay que volver al seno de la madre Naturaleza. Recordemos que dormir a ventana abierta no significa dormir entre corrientes de aire.

Lo que decimos de los dormitorios puede aplicarse igualmente a los demás aposentos de la casa, a las oficinas, despachos, fábricas, talleres, etc. Por supuesto que en invierno no es posible tener siempre las habitaciones a plena ventilación, pues descendería demasiado la temperatura; pero es posible aun en los climas más fríos abrir las ventanas durante un rato, a fin de que se renueve el aire. Por la noche se ha de tener en cuenta que en las casas donde todavía se usa luz de petróleo o de gas, las lámparas de esta clase consumen tanto o más oxígeno que una persona, por lo que es preciso ventilar los aposentos de cuando en cuando. Convendrá estudiar algo sobre la ventilación de las viviendas, y si no hay tiempo para profundizar en el tema, bastará lo expuesto como insinuación para que el buen sentido del lector complemente lo demás.

Todos los días hay que tomar un baño de aire, pues muchas son las propiedades vitales y salutíferas de este agente natural. Todos estamos convencidos de ello, lo hemos estado toda la vida, y sin embargo muchos son los que se recluyen puertas adentro de un modo completamente ajeno a las leyes de la Naturaleza. No es extraño que se quejen continuamente de tal o cual alifafe. Na se quebrantan impunemente las leyes naturales de la vida fisiológica. No hay que temer al aire, pues la Naturaleza nos lo proporciona para que lo utilicemos en la satisfacción de nuestras necesidades corporales. Así, en vez de temer al aire, hay que amarlo y decir en soliloquio mientras en él nos bañemos:

Hoy soy de la madre Naturaleza, que me da este puro aire para aprovecharlo de modo que me dé salud y fuerza. En él respiro salud, fuerza y energía. Gozo de la sensación del aire que me orea y noto sus benéficos efectos. Hijo soy de la Naturaleza y disfruto de sus dones.

Bienaventurado quien aprende a gozar del aire.

29
EL SUEÑO

De entre las funciones fisiológicas cuyo conocimiento conviene divulgar, parece la del sueño tan sencilla que no necesita consejo ni explicación. El niño no ha menester ninguna complicada monografía sobre la importancia y necesidad del sueño, sino que naturalmente se duerme, y lo mismo haría el adulto si viviera de conformidad con las leyes naturales; pero se ha rodeado de tan artificioso ambiente que le es casi imposible llevar una vida natural. Sin embargo, podría adelantar mucho en su camino de vuelta a la Naturaleza, a pesar de su desfavorable ambiente.

Hábitos del sueño

De cuantos insensatos hábitos ha contraído el hombre en su apartamiento de la vida natural, son los peores los de acostarse y levantarse cual suele en la vida de las ciudades. Malgasta en excitaciones y placeres consuntivos las horas destinadas naturalmente al descanso, en las que le sería posible absorber vital energía. Las mejores horas para el sueño son las que transcurren desde la puesta del sol hasta medianoche y las matinales son las más a propósito para pasear al aire libre y absorber vitalidad. No obstante, desperdiciamos ambas ventajas y después nos quejamos de prematura vejez.

Durante el sueño efectúa el organismo la mayor parte de su labor reparadora, y es muy conveniente que le deparemos dicha oportunidad. No tratamos de sentar reglas sobre el sueño, pues cada cual tiene sus peculiares necesidades. Nos limitamos en este capítulo a dar ligeras insinuaciones:

1. Por lo general, bastan ocho horas de sueño para el descanso reparador del organismo.
2. Se ha de dormir siempre en un aposento muy bien ventilado, por las razones expuestas al tratar del aire fresco.
3. Conviene abrigarse lo suficiente en invierno para no sentir frío, pero nunca se ha de sepultar el individuo bajo dobles mantas y edredones, como es costumbre en muchas familias. Es cuestión de práctica, y quien prueba a aligerarse de ropa de abrigo, se maravillará de estar más cómodo con menos ropa de la que ordinariamente usaba.
4. No se ha de dormir con ninguna prenda de ropa que se haya llevado durante el día, pues no es costumbre saludable ni limpia.
5. Tampoco hay que dormir con dos o tres almohadas bajo la cabeza. Basta una sola de tamaño ordinario.
6. Conviene relajar músculos y nervios, de modo que el cuerpo se hunda en la cama por su propio peso en completa ociosidad.

7. Es de todo punto indispensable no pensar ni cavilar sobre los asuntos, negocios y dificultades de la vida diaria, una vez retirado el individuo a su aposento para irse a la cama, pues la tranquilidad mental es requisito de un sueño apacible como el de la infancia.

Observad el sueño del niño y lo que hace cuando se lo deja en la cama, y procurad imitarlo todo lo posible. Convertios en niños al ir a la cama; renovad, si podéis, las sensaciones de la infancia y dormiréis como niños. Este consejo merecería esculpirse en mármol, porque si se siguiera no tardaría en regenerarse la humanidad.

Quien tenga idea de la verdadera naturaleza del hombre y del lugar que ocupa en el universo, será más capaz que el hombre ordinario de dormirse como un niño, porque se siente tan por completo en su propia casa en el universo, y tiene tan absoluta confianza en la bondad de Dios, que relaja sus miembros y poco a poco va cayendo en plácido sueño.

No daremos aquí instrucciones respecto a la manera de tratar el insomnio, pues creemos que no serán necesarias si se sigue el método natural de vida aconsejado en este libro. Sin embargo, convendrá tal vez alguna insinuación para quienes todavía no se hayan desprendido de sus antiguos y artificiosos hábitos. Se corrige el insomnio bañándose piernas y pies en agua fría durante dos o tres minutos antes de irse a la cama. También ha tenido muy buen efecto en algunos casos la concentración del pensamiento en los pies, ya que así se descongestiona el cerebro al bajar la sangre a las extremidades abdominales. Pero sobre todo conviene no esforzarse en conciliar el sueño, porque éste es el peor procedimiento. Cuanto más se quiere uno dormir más se aleja el sueño. Lo mejor es asumir la actitud mental de que tanto importa dormirse o no dormirse, y al propio tiempo relajar todo el organismo, con entera satisfacción del estado de cosas, sin impaciencia ni ansiedad por el desvelo. En este caso ha de forjar el insomne la representación mental de que es un chiquillo cansado de tanto corretear durante el día y necesitado de descanso.

Los ejercicios indicados en el capítulo «Relajación» favorecerán el hábito de relajarse a voluntad, con muchas probabilidades de que con este nuevo hábito desaparezca el insomnio.

Desde luego que, dadas las costumbres urbanas de la civilización occidental, no es posible irse a la cama como los chiquillos ni levantarse antes del alba como un labrador, aunque quisiéramos que tal fuese la regla general de vida. Por lo tanto, sólo nos cabe aconsejar que se obedezcan las leyes de la vida natural en cuanto cada uno alcance, evitando el trasnochar y toda excitación durante las horas nocturnas, para dormir apaciblemente y levantarse temprano por la mañana.

No cabe duda de que el consejo de no salir de casa por las noches después de cenar y de irse temprano a la cama chocará con los inveterados hábitos de la vida urbana; pero pronto o tarde la humanidad adoptará un mucho más sencillo y natural régimen de vida, y entonces el trasnoche se tendrá por vicio tan vitando como la embriaguez y los estupefacientes. Pero entretanto hemos de contentarnos con decir que cada cual haga lo mejor que esté de su parte.

Si es posible, convendrá descansar un rato al mediodía, relajando el cuerpo, porque así se podrá reanudar mucho más ventajosamente el trabajo diario. Muchos negociantes y profesionales de primera categoría han descubierto este secreto; y a veces, cuando su secretario dependiente le dice al visitante que el director está ocupadísimo en aquel momento, suele estar dando a su organismo un breve rato de relajación y descanso. Por la alternativa entre el trabajo y el reposo, el negociante de alta empresa será capaz de realizar doble labor que si no hubiese de levantar mano en ocho horas. Que piensen en estas cosas las gentes occidentales y serán mucho más activas si varían su actividad con ocasional relajación y descanso. Un poco de recreo ayuda a reanudar con mayor gusto la tarea y vencer sus asperezas.

30
Reproducción y regeneración

En este capítulo trataremos brevemente de un tema de vital importancia para la humanidad, aunque pocos están en disposición de considerarlo con atención. En vista del actual estado de la opinión pública sobre este asunto, resulta imposible escribir tan claramente como uno quisiera y fuera necesario, pues todo cuanto sobre ello se escriba podría tildarse de «impuro», aunque el único objeto del escritor sea combatir la impureza y las torpes prácticas en que suelen caer las gentes. Sin embargo, algunos valerosos escritores han publicado algo referente a las funciones fisiológicas de reproducción, por lo que la mayoría de nuestros lectores comprenderán lo que queremos significar.

No nos proponemos abordar el importante tema de la reproducción aplicada a los dos sexos humanos, porque para ello fuera preciso un tratado especial, y no es la presente obra la más indicada para discutir extensamente el tema, sobre el cual sólo diremos unas cuantas palabras.

Conservación de la salud y la energía sexual

Los yogis consideran de todo punto contrarios a las leyes de la vida fisiológica los excesos a que se entregan muchos hombres, de los que hacen partícipes a sus cónyuges. Creen los yogis que el sexo es demasiado sagrado para que de él se abuse, y opinan que el hombre suele descender más abajo del nivel de los brutos en sus relaciones sexuales. Con raras excepciones, los brutos sólo se ayuntan sexualmente con el propósito de perpetuar la especie, y desconocen casi por completo los abusos, excesos y disipaciones en que incurre el hombre racional.

Sin embargo, según fue adelantando el hombre en su evolución, mejoró su concepto sobre la sexualidad, y así hay entre ambos sexos un intercambio de ciertos altos principios que no se observa entre los brutos ni en las formas inferiores de la vida animal, pues está reservado a los hombres y mujeres de superior entendimiento y exquisita espiritualidad. Las relaciones normales entre marido y mujer propenden a enaltecer, vigorizar y ennoblecer a los cónyuges, en vez de reprimirlos, debilitarlos y envilecerlos cuando las relaciones sexuales tienen por única base la sensualidad. Tal es la razón de la desavenencia matrimonial cuando uno de los cónyuges se eleva a superiores planos del pensamiento y ve que su cónyuge no es capaz de seguirlo. En este caso, las relaciones entre los esposos corresponden a diferentes planos, de modo que no encuentran uno en otro lo que pudieran desear. Esto es todo cuanto nos proponíamos decir sobre el particular aspecto del asunto. Ahora trataremos el tema de la conservación de la salud y la energía sexual.

Si los órganos sexuales están en débil condición todo el cuerpo se resiente y sufre en simpatía.

Aunque los yogis llevan una vida en que no toman parte importante las efectivas relaciones sexuales, reconocen y estiman la importancia de un sano aparato sexual y su valor en la salud del organismo. La respiración completa produce un ritmo naturalmente apropiado para mantener en normal condición los órganos genitales, y desde el punto y hora en que se practique consuetudinariamente la respiración completa, se observará que se fortalecen y vitalizan las funciones de reproducción por refleja acción simpática que tonifica todo el organismo. Esto no quiere decir ni mucho menos que se hayan de excitar las pasiones animales. Lejos de ello, los yogis recomiendan la continencia y la castidad, así como la pureza, tanto en las relaciones conyugales como fuera de ellas. Los yogis aprendieron a subyugar las pasiones animales y someterlas al dominio de la mente y la voluntad. Sin embargo, el dominio sexual no es debilidad sexual, y los yogis enseñan que quien tenga en normal y saludable condición los órganos sexuales tendrá también la necesaria fuerza de voluntad para dominarlos. Creen los yogis que gran parte de la perversión de la sexualidad proviene de la morbosa condición de los órganos sexuales.

También saben los yogis que la energía sexual puede aprovecharse en beneficio de mente y cuerpo, en vez de disiparla como tantas gentes que desconocen su valor.

Indicamos a continuación uno de los ejercicios que practican los yogis para obtener dicho resultado. Tanto si se observan como no las reglas de castidad y pureza a que sujetan los yogis su conducta, es lo cierto que la práctica de la respiración completa contribuirá mucho más que cualquier otro procedimiento a la salud de los órganos genitales. Pero téngase en cuenta que decimos normal salud y no desusado desarrollo. A los sensuales les parecerá que lo normal significa una debilitación más bien que un incremento del deseo sexual, mientras que el impotente creerá que lo normal equivale a un alivio o remedio de su debilidad. Pero no queremos que se interpreten torcidamente nuestras afirmaciones.

El ideal del yogi es un cuerpo sano en todos sus órganos bajo el dominio de una imperativa y recia voluntad animada de altos ideales.

Los yogis conocen muy a fondo cuanto se relaciona con el uso y abuso de la sexualidad. Los autores occidentales han aprovechado con gran beneficio para las gentes algunas insinuaciones desprendidas de las enseñanzas esotéricas de los yogis. No podemos tratar en este libro la teoría fundamental de la sexualidad; pero sí expondremos un procedimiento a propósito para transmutar la energía sexual en vitalidad del organismo, en vez de disiparla en lujuriosos devaneos. La energía sexual es energía creadora y la puede reabsorber el organismo y transmutarla en energía vital, a fin de que sirva para regeneración en vez de degeneración. Si la juventud occidental comprendiera estos principios fundamentales se ahorraría muchos disgustos y sufrimientos años adelante y sería más vigorosa y robusta física y mentalmente.

La transmutación de la energía productora da mucha vitalidad a quienes la practican, pues los hincha de una fuerza vital que parece irradiar de todo su ser, y quienes los tratan dicen que poseen magnetismo personal. La energía así transmitida puede derivarse por nuevos canales y aprovecharse ventajosamente. La Naturaleza ha condensado una de sus más potentes manifestaciones de prana en la energía reproductora, cuya finalidad es crear. Está la mayor porción de fuerza vital concentrada en el menor espacio. Los órganos genitales son los más potentes acumuladores de energía de la vida fisiológica, y puede impelerse hacia arriba transmutada en energía mental, de la propia suerte que puede utilizarse en las funciones de reproducción o desperdiciarse en lujuriosas orgías.

Muy sencillo es el ejercicio que practican los yogis para transmutar la energía reproductora. Está enlazado con la respiración rítmica y es fácil de practicar en todo tiempo, aunque es más conveniente cuando se experimente un vivo deseo sensual, pues entonces la energía reproductora abunda en los órganos y se puede más fácilmente transmutar en regeneradora fuerza vital.

Todos serán capaces de utilizar la transmutada energía reproductora en las tareas de su respectiva profesión u oficio, ya de índole mental, ya manual, si absorben la energía al inspirar y la distribuyen por el organismo al espirar. Desde luego, se comprende que no se transmutan los fluidos reproductores, sino la energía pránica que los vitaliza; su alma, por decirlo así.

Ejercicio regenerador

Mantener la mente fija en la idea de energía, con abstracción de todo pensamiento o imagen sexual. Sin embargo, si acuden a la mente pensamientos de esta índole, no hay que desanimarse, sino considerarlos como manifestaciones de una fuerza que se intenta utilizar para fortalecer cuerpo y mente.

1. Pasivamente acostado o de pie, derecho, se concentra la mente en la idea fija de atraer la energía reproductora hacia el plexo solar, en donde quedará transmutada y almacenada como una reserva de energía vital.
2. Después se respira rítmicamente con la idea de atraer la energía reproductora a cada inspiración y que al propio tiempo la voluntad dé el imperativo mandato de que la energía así atraída suba hasta el plexo solar.
3. Si se establece puntualmente el ritmo y es clara la imagen mental, se notará el paso de la energía y sus estimulantes efectos.
4. Si se desea intensificar la energía mental se ha de impulsar la energía reproductora hasta el cerebro, en vez de hasta el plexo solar, mediante la correspondiente imagen mental y el mandato de la voluntad. En este caso sólo pasará al cerebro la porción de energía reproductora que se necesite para intensificar la energía mental, y el resto quedará de reserva en el plexo solar.
5. Conviene inclinar un poco la cabeza hacia adelante al practicar el ejercicio de transmutación.

Este tema de la regeneración abre un nuevo y vastísimo campo a los investigadores, y quizá algún día editemos un manual para uso privado de los capaces de leerlo, para que busquen el conocimiento movidos por puras inquietudes y no por el deseo de hallar algo que halague lascivas inclinaciones.

31
Actitud mental

Quienes estén familiarizados con las enseñanzas yoguísticas respecto del dominio del cuerpo físico por la mente instintiva y de la influencia en ésta de la voluntad, comprenderán fácilmente la importancia de la actitud mental por lo que concierne a la salud del cuerpo. Una dichosa, alegre y confiada actitud de la mente se refleja en el normal funcionamiento del organismo, mientras que la siniestra disposición del ánimo invadido por las morbosas emociones de temor, tedio, odio, abatimiento, cólera, desconfianza y pesimismo reacciona funestamente sobre el cuerpo y lo destempla, con riesgo de enfermedad.
Todos sabemos que las buenas noticias y la armonía de un ambiente placentero excitan el apetito, mientras que las malas noticias, los disgustos y contrariedades quitan las ganas de comer. Al recuerdo de algún manjar favorito se nos hace la boca agua, mientras que nos acometen náuseas si pensamos en algo repugnante.

Actitudes e instintos

La actitud mental se refleja en la mente instintiva, y como ésta rige la vida fisiológica, se infiere lógicamente la influencia que la actitud mental ha de tener en el funcionamiento del organismo.

Los pensamientos deprimentes afectan a la circulación, que a su vez afecta a todos los órganos del cuerpo, porque no les proporciona suficiente nutrición. Los pensamientos siniestros y conturbadores quitan el apetito, de lo que se sigue el empobrecimiento de la sangre y la intoxicación del organismo. En cambio, los pensamientos tranquilos, jubilosos y optimistas estimulan la digestión, acrecen el apetito, favorecen la circulación y obran como un tónico general del organismo.

Muchos se figuran que la idea de la influencia de la mente en el cuerpo es una extravagancia de ocultistas y mentalistas; pero no hay más que examinar los resultados de las investigaciones científicas para convencerse de que es una idea basada en la observación de la realidad de los hechos. Se han efectuado repetidos experimentos que demostraron la receptividad del cuerpo a la influencia de la mente, y por medio de la sugestión y la autosugestión, que al fin y al cabo no son más que manifestaciones de la energía mental, se produjeron trastornos fisiológicos o se curaron enfermedades, según la negativa o positiva actitud mental del sugestionador.

La saliva se emponzoña bajo la influencia de la cólera, y una violenta y siniestra emoción altera la leche de la madre o de la nodriza, con riesgo de muerte para el lactante. El jugo gástrico cesa de fluir libremente si el individuo está inquieto, asustado, deprimido o disgustado. Se podrían citar millares de ejemplos de esta clase.

Quien dude de que un siniestro pensamiento puede ocasionar una enfermedad, recurra al testimonio de algunas autoridades del mundo occidental.

Dice Sir Samuel Baker:

En algunas partes de África es casi seguro que después de un acceso de cólera o de una grave pesadumbre sobreviene la fiebre.

De Sir B. W. Richardson, en Discourses:

Hay casos en que la diabetes proviene de un violento trastorno mental, y es el prototipo de las enfermedades físicas de origen mental.

De Sir George Paget, en Lectures:

En muchos casos se han tenido razonables motivos para creer que el cáncer proviene de prolongada ansiedad.

De Murchison:

Me ha sorprendido a menudo que los cancerosos del hígado atribuyen su enfermedad a continuados disgustos.

Del Dr. Snow, en The Lancet:

La mayoría de casos de cáncer, especialmente los del pecho y la matriz, provienen de ansiedad mental.

El Dr. Wilkes refiere casos de ictericia provenientes de siniestras condiciones mentales.

El Dr. Churton, en el British Medical Journal, cita un caso de ictericia determinado por la ansiedad.

El Dr. Mackenzie refiere varios casos de anemia perniciosa dimanantes del trastorno mental.

Hunter afirma que la prolongada excitación emocional es una de las causas determinantes de la angina de pecho.

Dice Richardson:

Las erupciones cutáneas provienen a veces de excesivo esfuerzo mental. También el cáncer, la epilepsia y la monomanía tienen por precedente causas mentales; y es muy extraño que se haya estudiado tan poco la cuestión de las enfermedades físicas provenientes de la influencia mental.

De Elmer Gates:

Mis experimentos demuestran que las emociones irascibles, depresivas y malévolas producen en el organismo ciertas substancias nocivas, algunas de ellas sumamente ponzoñosas, mientras que las emociones jubilosas y placenteramente armónicas producen substancias de alto valor nutritivo que estimulan la vitalidad de las células.

El Dr. Hack Tuke, en su tratado de enfermedades mentales, publicado mucho antes de que el sistema de la cura mental se difundiera por Occidente, cita numerosos casos de enfermedades producidas por el temor, entre ellas la locura, idiotez, parálisis, ictericia, calvicie, encanecimiento prematuro, caída de los dientes, trastornos uterinos, erisipela, eczema e impétigo.

En tiempo de epidemia está repetidamente comprobado que la mayoría de las invasiones provienen del temor de contagiarse y que muchos se mueren por miedo de morir, aunque su caso no sea grave. Esto se comprende fácilmente al considerar que las enfermedades contagiosas atacan con preferencia a los faltos de vitalidad, y el temor es la emoción que mayormente menoscaba la vitalidad.

Hay un buen número de excelentes libros que tratan de este asunto, por lo que no nos detendremos en más extensas consideraciones, aunque antes de terminar recordaremos que «todo pensamiento se concreta en acción» y que las condiciones mentales se reflejan en las manifestaciones físicas.

La filosofía yoguística tiene por capital finalidad determinar en quien la estudia y profesa una actitud mental de calma, paz, fortaleza y absoluta impavidez que se refleja en sus condiciones físicas. La calma mental y la carencia absoluta de temor es en quienes estudian y profesan la filosofía yoguística una condición natural, sin necesidad de esfuerzo alguno para determinarla. Pero quienes todavía no hayan adquirido esta profunda paz del ánimo, pueden adelantar en el camino de su adquisición si piensan de continuo en la recta actitud mental y repiten soliloquios o recitados a propósito para forjar la mental imagen de dicha actitud. Nosotros sugerimos la repetición de las palabras: brillante, jubiloso y feliz, meditando sobre su significado, con el esfuerzo de manifestarlo en física acción. Quien así lo haga recibirá positivos beneficios corporales y mentales, y se predispondrá a recibir y comprender altas verdades espirituales.

32
GUÍA ESPIRITUAL

Aunque este libro sólo tiene por objeto tratar del cuidado del cuerpo físico, dejando para otras obras los aspectos superiores de la filosofía yoguística, está el principio fundamental de esta filosofía tan íntimamente ligado con los aspectos inferiores del tema y tan en cuenta lo tienen los yogis en los más insignificantes actos de su vida, que en honor de las enseñanzas y en beneficio del lector no podemos terminar nuestra obra sin decir algunas palabras sobre el principio fundamental de la filosofía yoguística.

Manifestaciones del espíritu

Afirma esta filosofía que el hombre va evolucionando lentamente desde las inferiores a las superiores manifestaciones del Espíritu que reside en todo ser humano, aunque tan obscurecido a veces por las limitadoras envolturas de su inferior naturaleza que apenas se lo distingue. También reside el Espíritu en las formas inferiores de vida, siempre en actividad y esforzándose en hallar superiores formas de expresión. Las materiales envolturas de la vida evolucionante en el mineral, vegetal, animal y hombre no son más que instrumentos a propósito para el mejor desenvolvimiento de los principios superiores. Pero, aunque el cuerpo o envoltura material es de uso temporáneo y substituible por otro, quiere el Espíritu que sea un instrumento lo más perfecto posible. Así es que el Espíritu humano se prevee del mejor cuerpo que las circunstancias le permiten y lo impulsa y guía hacia la rectitud de conducta; pero si, por causas que no son para ser tratadas en este lugar, el Espíritu tiene un cuerpo imperfecto, se acomoda a él y lo utiliza sacándole el mayor provecho.

El instinto de conservación, el estímulo de vida, es una manifestación del Espíritu que actúa por medio de la mente instintiva desde las más rudimentarias formas hasta que alcanza las superiores manifestaciones del principio mental.

También actúa el Espíritu por medio del intelecto, a fin de que el hombre use sus facultades racionales para mantener la vida física. Pero, desgraciadamente, el intelecto no cumple como debiera su obra, pues tan pronto como empieza a ser consciente de sí mismo, extravía a la mente instintiva y mueve al cuerpo a toda clase de actos contrarios a las naturales leyes de la vida, y lo aparta cuanto le es posible del trato con la Naturaleza.

Puede compararse a un muchacho que, evadido de la patria potestad, hace todo lo contrario de cuanto sus padres le enseñaron, tan sólo para demostrar que es independiente. Pero el muchacho acaba por darse cuenta de su locura y vuelve al hogar paterno. Lo mismo hará el intelecto.

El natural instinto de conservación y adaptación es muy poderoso, logra seguir adelante entre las dificultades y realiza su obra mucho mejor de lo que cabría esperar si consideramos el absurdo e insalubre régimen de vida del hombre civilizado.

Ya empieza a percatarse el hombre de que algo hay en su interior que atiende a las necesidades de su cuerpo y conoce mucho íejor que él mismo cuáles son sus intereses. Porque el hombre con todo su intelecto es incapaz de realizar lo que la mente instintiva realiza por medio del cuerpo vegetal, del animal y del mismo hombre, y así aprende a confiar en la mente instintiva como en un fiel amigo y dejarla que cumpla con su deber.

En las actuales circunstancias establecidas por la civilización, pero que pronto o tarde habrá de simplificar, le es imposible al hombre vivir de conformidad con las naturales leyes fisiológicas, y, en consecuencia, ha de ser más o menos anormal la vida física. Pero como el natural instinto de conservación y adaptación es muy poderoso, logra seguir adelante entre las dificultades y realiza su obra mucho mejor de lo que cabría esperar si consideramos el absurdo e insalubre régimen de vida del hombre civilizado.

Sin embargo, conviene advertir que según adelanta el hombre en la escala de evolución, va desportando la mente espiritual y se actualiza la facultad llamada intuición (algo semejante, pero muy superior, a la mente instintiva), que lo guía en la vuelta a la vida natural. Podemos ver la influencia de esta alboreante intuición en el notorio movimiento que hacia la vida natural y sencilla se observa desde hace algunos años. Ya empiezan las gentes a reírse de las absurdas modas, costumbres y prácticas convencionales establecidas por la civilización, que quedará sepultada bajo sus propios escombros si no la simplificamos.

Quien haya actualizado la mente espiritual rechazará la vida y costumbres de artificio, y se inclinará vehementemente a adoptar más sencillos y naturales principios de pensamiento y acción, porque estará impaciente bajo las opresoras y artificiosas ataduras con que el hombre se ha ligado en el transcurso de los siglos. Entonces responderá el intelecto, y al ver las locuras que cometió, recapacitará de sus extravíos y volviendo los pasos hacia la Naturaleza realizará mucho mejor su obra, porque ya no se entremeterá con la de la mente instintiva.

Conviene advertir que según adelanta el hombre en la escala de evolución, va desportando la mente espiritual y se actualiza la facultad llamada intuición (algo semejante, pero muy superior, a la mente instintiva), que lo guía en la vuelta a la vida natural.

Toda la teoría y práctica de la Yoga Hatha se funda en la idea de la vuelta a la Naturaleza, en la creencia de que la mente instintiva del hombre es capaz de mantener el cuerpo en normales condiciones de salud. En consecuencia, el que practica las enseñanzas de la Yoga Hatha aprende a vivir tan naturalmente como es posible en esta artificiosa época.

La presente obra ha tenido por objeto exponer los sencillos métodos naturales, a fin de volver a ellos. No hemos señalado una nueva doctrina, sino que hemos exhortado a volver a los antiguos métodos de que se apartó el hombre civilizado.

Comprendemos que las gentes del mundo occidental tropiezan con graves inconvenientes para adoptar los naturales métodos de vida, pues el ambiente social y las circunstancias las empujan hacia los artificiosos métodos de la vida moderna; pero cada cual puede hacer diariamente algo en provecho propio y de la humanidad e ir desprendiéndose uno por uno de los hábitos viciosos.

Toda la teoría y práctica de la Yoga Hatha se funda en la idea de la vuelta a la Naturaleza, en la creencia de que la mente instintiva del hombre es capaz de mantener el cuerpo en normales condiciones de salud.

Deseamos fijar en la mente del lector la idea de que el Espíritu puede guiarnos tan acertadamente en la vida física como en la mental. El hombre puede confiar implícitamente en que el Espíritu lo guíe con tanto acierto en los ordinarios y menudos menesteres de la vida diaria como en los más complicados problemas de la existencia terrenal. Quien confíe en la guía espiritual verá cómo se va despojando de sus viciosos hábitos e inclinaciones pasionales, de sus gustos pervertidos y necesidades ficticias, para deleitarse en los inocentes placeres y naturales costumbres que le darán un nuevo y superior concepto de la vida.

No hemos de desechar la creencia de que el Espíritu guía nuestra vida física, pues el Espíritu lo penetra todo y se manifiesta por medio de la materia física lo mismo que actúa en los estados superiores de la mente. Es posible comer y beber con el Espíritu lo mismo que pensar con el Espíritu. No digamos: esto es espiritual en el alto concepto de la palabra.

Así dijo acertadamente San Pablo: «Cuando comiereis y bebiereis y hagáis cualquier otra cosa, hacedlo todo para gloria de Dios.» En este pasaje expresa el apóstol de los gentiles el mismo pensamiento de la posibilidad de comer y beber con el Espíritu. Nuestro verdadero ser es espiritual, físico, y por lo tanto locura o ignorancia es mortificar y macerar el cuerpo físico, como fuera locura o ignorancia que el artífice estropeara a propósito el instrumento que ha de servirle para ejecutar cumplidamente su obra. Ya Buda, hace veintiséis siglos, recomendó a sus discípulos que huyeran de los dos extremos viciosos del ascetismo mortificador y del consuntivo libertinaje. El término medio es el mejor, porque está de acuerde con las divinas leyes de la naturaleza y de la vida, que igualmente rigen los mundos físico, mental y espiritual.

Quien desee enaltecer su vida física, de modo que su cuerpo sea perfecto instrumento de manifestación del Espíritu, ha de vivir con plena confianza en su naturaleza superior. Ha de reconocer que su interno Espíritu es una chispa de la divina Llama, una gota del océano del Espíritu, un rayo del céntrico Sol. Ha de reconocer un ser eterno en incesante desenvolvimiento y evolución, en perpetua marcha hacia la suprema meta, que en su actual estado es incapaz de vislumbrar siquiera la mente humana. El impulso es siempre hacia adelante y hacia arriba. Somos parte de la única Vida que se manifiesta en infinidad de formas. Si pudiéramos tener una débilísima idea de lo que esto significa, nos abriríamos tan de par en par al influjo de la única Vida, que se renovarían nuestros conceptos y serían perfectos instrumentos de manifestación de la única Vida. Que cada cual se forme la idea del cuerpo perfecto y procure vivir de modo que el Espíritu se acomode a su forma física.

Los que confían en esta guía espiritual notarán que sus vicios, sus pasiones perniciosas, sus perversiones y sus necesidades irreales se ven sustituidos por el deleite en el placer inocente y natural.

Hemos expuesto las leyes que gobiernan al cuerpo físico a fin de que cada cual sujete a ellas su conducta, interponiendo el menor rozamiento posible al influjo de vida y energía que está esperando que nos decidamos a ser su canal. Volvamos vista y pasos a la Naturaleza y demos libre entrada al inextinguible caudal de energía, de modo que por su propia virtud obre en nosotros. Sólo pide confianza sin resistencia. Deparémosle la oportunidad.

YOGI RAMACHARAKA

Dice la escuela del Nuevo Pensamiento que la consecución de la salud, del bienestar personal, de las riquezas y de la felicidad provienen del hecho de sólo pensar en estos términos, de una comunión con el principio primero y divino que los hace posible y una confianza total en la Ley de la Atracción. A esta escuela se acercó William Walker Atkinson a finales del siglo XIX, tras una crisis personal.

Aunque Atkinson se había formado como abogado en Pensilvania, se había casado y tenía dos hijos, no tuvo ningún reparo en abandonar su vida en el estado de la virtud, la libertad y la independencia y mudarse con su familia a Chicago, donde se encontraba el seno del movimiento del Nuevo Pensamiento y donde dos editores, Sydney Flower y Elizabeth Towne, le publican sus primeras obras. Atkinson fundó en esta misma ciudad su propia escuela, bautizada Escuela Atkinson de las Ciencias Mentales, en la que enseñaba todos los preceptos del Nuevo Pensamiento.

En el campo editorial, Atkinson destacó por su capacidad para ser un autor muy prolífico, y engendrar una gran cantidad de libros y manuales que firmaba con distintos pseudónimos, para intentar atraer una mayor cantidad de público, como Theron Q. Dumont, con el que hablaba de magnetismo personal, Theodore Sheldon, o quizás el más conocido de todos, yogi Ramacharaka, con el que Atkinson ayudó a la comprensión en el mundo occidental de la filosofía del yoga.

Con el nombre del yogi Ramacharaka, que en muchas ocasiones se atribuye no sólo a Atkinson sino a un trabajo en conjunto del antiguo abogado con un maestro yogi hindú, el Baba Bharata, venido de la India y, a su vez, discípulo del verdadero Ramacharaka. En ellos, popularizaron el concepto de yoga, de la necesidad de transferir al alma momentos de alegría y esperanza en tiempos de tristeza, y a trazar un sendero por el que avanzar cuya meta estaba en la perfección.

A William Walter Atkinson se le atribuyen más de cien obras; no obstante, a continuación sólo listamos las firmadas con el pseudónimo yogi Ramacharaka: *Ciencia de la respiración hindú-yogi; Catorce lecciones de filosofía yogi y ocultismo oriental; Curso avanzado de filosofía yogi y ocultismo oriental; Hatha Yoga: Filosofía yogi del bienestar; La ciencia de la sanación física; Raja Yoga o el desarrollo mental; Gnani Yoga; Enseñanzas interiores de las filosofías y las religiones de India; Cristianismo místico o las enseñanzas del Maestro; La vida después de la muerte; Curas con agua (cómo se practican en India y otros países orientales); El espíritu de los Upanishads o Los aforismos de los sabios; Bhagavad Gita o el mensaje del Maestro.*